RGPD UE

Guide de poche

RGPD UE

Guide de poche

ALAN CALDER

IT Governance Publishing

IT Governance Publishing
IT Governance Limited
Unit 3, Clive Court
Bartholomew's Walk
Cambridgeshire Business Park
Ely, Cambridgeshire
CB7 4EA
Royaume-Uni

www.itgovernance.co.uk

Publié pour la première fois au Royaume-Uni en 2016
par IT Governance Publishing.

ISBN 978-1-84928-859-0

A PROPOS DE L'AUTEUR

Alan Calder est le fondateur et le président exécutif de IT Governance Ltd (*www.itgovernance.co.uk*), une société d'informations, de conseil et de consultation qui se propose d'aider les conseils d'administration des sociétés à aborder les questions de la gouvernance informatique, la gestion des risques, la conformité et la sécurité de l'information. Il a acquis une longue expérience à la direction de postes de cadres supérieurs dans les secteurs privé et public.

Sa société opère mondialement des sites internet qui distribuent toute une gamme de livres, d'outils et de publications sur la gouvernance informatique, la gestion des risques, la conformité et la sécurité de l'information.

TABLES DES MATIERES

Introduction 1
Chapitre 1 : Bref Historique sur la Protection des Donnees.. 3
Chapitre 2 : Termes et Definitions 9
Chapitre 3 : Le Reglement 19
Principes 23
Applicabilité 24
Droits des personnes concernées 26
Consentement 27
Droit à l'oubli 29
Portabilité des données 30
Licéité du traitement 30
Conservation des données 31
Le « guichet unique » 32
Registre des activités de traitement des données 33
Analyses d'impact relatives à la protection des données ... 34
Protection des données dès la conception et protection des données par défaut 35
Contrats du responsable du traitement/sous-traitant 36
Délégué à la protection des données 37
Responsabilité et le Conseil d'administration 39
Violations de données 39
Cryptage 41
Transferts internationaux 42
Règles d'entreprise contraignantes 43
Considérations complémentaires 44
Changements sur la « loi des Cookies » 45
Adresses IP 46
La directive UE sur la sécurité des réseaux et de l'information 47
Chapitre 4: La Conformite au Reglement 49
Répercussions 49
Comprendre vos données : où elles se trouvent et comment elles sont utilisées 51

Pièces justificatives..52
Mesures techniques et organisationnelles appropriées, et ISO/IEC 27001 53
Normes, programmes et sceaux d'approbation..................56
Sécuriser les relations des prestataires 56
Chapitre 5 : Index du Reglement.......................................59
Annexe 1 : Autorites Nationales en Matiere de Protection des Donnees 65
Annexe 2 : Les Ressources du rgpd ue 67
Les Ressources d'ITG...71

INTRODUCTION

Au cours de la dernière décennie, la cybersécurité est devenue une question de plus en plus importante pour les organisations au sein de l'UE. Alors que les cybermenaces couvrent un large spectre de cibles, de l'infrastructure nationale primordiale à la propriété intellectuelle, des secrets commerciaux aux informations financières, un domaine clé auquel les cybercriminels s'intéressent demeure les données personnelles identifiables ou DPI.

Les DPI – noms, adresses, identifiants de sécurité sociale ou fiscaux, données de cartes de paiement – sont précieuses car elles peuvent ouvrir la porte à tout un éventail de crimes, y compris le vol économique et elles permettent également d'identifier les crimes.

L'intérêt de l'individu – ce que la législation de la protection des données appelle généralement la personne concernée – s'étend au-delà de la cybercriminalité. Les États-nations et les grandes organisations sont maintenant en mesure de rassembler des volumes considérables de données personnelles et ceci leur permet de suivre l'activité des individus dans le cyberespace. Les entreprises de marketing numérique développent des méthodes nouvelles et de plus en plus efficaces pour suivre de près les consommateurs. Les sociétés de média sociaux prospèrent dans la publication de données à caractère personnel. Malgré les avantages sociaux qu'elle apporte, cette activité peut en même temps porter préjudice à la vie privée individuelle.

L'UE a été depuis longtemps à l'avant-garde du mouvement de protection des droits des individus en ce qui concerne les données à caractère personnel. Le règlement général sur la protection des données (RGPD) – qui est devenu une loi rentrant en vigueur en mai 2018 – est probablement l'avancée la plus importante jamais été réalisée sur le plan mondial par les autorités élues pour assurer la protection appropriée des données à caractère personnel de leurs citoyens.

Le RGPD met l'ensemble des États membres de l'UE sur un pied d'égalité en ce qui concerne la protection des données. Ceci signifie que les citoyens des États membres de l'UE peuvent s'attendre à être traités de la même manière, où qu'ils se trouvent dans l'UE, et que les organisations qui se conforment aux exigences du RGPD dans une juridiction peuvent être sûres qu'elles seront conformes dans tous les États membres.

Les organisations qui se trouvent hors de l'UE – qui sont des prestataires de services au sein de l'UE– sont aussi dans le champ d'application du RGPD. Les dispositions existantes d'exportation de données de l'UE vers d'autres pays sont particulièrement protégées et surtout les violations au RGPD sont sanctionnées par des amendes visant à être 'proportionnées et dissuasives', d'un montant maximum de 20 millions d'euros ou 4% du revenu mondial – le montant le plus élevé étant retenu.

La période transitoire de mise en conformité des pratiques de gestion des données avec le RGPD s'achève en mai 2018. A partir de cette date, toute organisation qui enfreint la législation court le risque de se voir attribuer des amendes considérables.

Ce guide de poche vise à vous aider à vous développer conformément aux nouvelles conditions en vous offrant une connaissance du règlement, les principes élargis de la protection des données et la signification du règlement pour les entreprises en Europe et au-delà.

Ce livre contient des termes clés qui sont énoncés au Chapitre 2 – Termes et définitions et qui doivent être bien saisis afin d'appréhender le nouveau règlement.

CHAPITRE 1 : BREF HISTORIQUE SUR LA PROTECTION DES DONNEES

La conception courante de la protection des données est une notion très moderne. On pense à des bases de données et des documents stockés numériquement et l'on comprend l'importance de les protéger. Les documents digitaux sont évidemment libres de tout poids physique et ils peuvent être égarés ou volés sans aucun retrait des originaux ; il est donc facile de concevoir qu'une telle perte représente de vastes quantités d'informations. Cependant, ceci n'a pas toujours été le cas et même de nos jours les données qui se présentent sous d'autres formats nécessitent une protection.

Les premières formes de protection des données et de la vie privée ont probablement vu leur origine au sein des professions plutôt que dans la législation même. Par exemple, la confidentialité entre avocat et client (ou le 'legal professional privilege' tel qu'il se nomme au Royaume-Uni) ressemblait apparemment au début à une sorte de contrat entre l'avocat et son client et elle a gardé cette forme pendant des décennies (voire même des siècles) avant d'être incorporée dans le droit lui-même. Elle a été instaurée pour veiller à ce que les avocats puissent défendre convenablement les intérêts de leurs clients sans que ces derniers ne craignent de de répercussions juridiques.

Il en allait de même pour la protection des dossiers médicaux et les médecins tenus par le secret professionnel depuis des décennies et bien que les tribunaux avaient le pouvoir de faire transmettre ces informations, la profession médicale a pu les protéger relativement facilement. A nouveau cette pratique était gérée par les professionnels bien avant que la loi ne la codifie.

Dans le cadre de ces pratiques, des silos particuliers de données étaient protégés selon les intérêts des entreprises : si une profession pouvait voir de la valeur pour son entreprise si l'on favorisait la protection des données, elles étaient protégées.

Néanmoins, des changements ont dû s'opérer lorsqu'il a fallu passer du papier à l'électronique et alors que les méthodes de manipulation, y compris des petits éléments de données, sont devenues de plus en plus performantes. Ceci a mis toutes ces données en danger car elles ont désormais une valeur distincte. Les campagnes politiques, étant un exemple *raisonnablement* éthique, ont utilisé des volumes croissants de données afin de mieux cibler les groupes démographiques clés, définir les politiques, gérer l'image des candidats, etc. A l'autre bout de l'échelle, le vol d'identité est devenu un problème significatif et cette menace s'est accrue du fait de l'augmentation du volume des données qui sont disponibles.

En ce qui concerne la situation en Europe, l'une des premières protections juridiques des données à caractère personnel a été codifiée dans l'article 8 de la Convention européenne des droits de l'homme (CEDH) en 1953. Elle n'avait pas la forme à laquelle on peut s'attendre aujourd'hui en matière de législation relative à la vie privée, mais elle prévoit le fondement des lois modernes européennes relatives à la vie privée. L' article 8 stipule que :

1. Toute personne a droit au respect de sa vie privée et familiale, de son domicile et de sa correspondance.

2. Il ne peut y avoir ingérence d'une autorité publique dans l'exercice de ce droit que pour autant que cette ingérence est prévue par la loi et qu'elle constitue une mesure qui, dans une société démocratique, est nécessaire à la sécurité nationale, à la sûreté publique, au bien-être économique du pays, à la défense de l'ordre et à la prévention des infractions pénales, à la protection de la santé ou de la morale, ou à la protection des droits et libertés d'autrui.

Certains ont critiqué cette disposition de l'article, la trouvant inutilement trop large, car des personnes peu scrupuleuses pourraient l'interpréter dans le but de restreindre les droits de l'homme (en appliquant des lois pour contourner certaines protections qui sont permises), de placer un fardeau règlementaire indu sur les tiers (par l'application de lois qui utilisent également un langage large) et de limiter le pouvoir de l'État dans la poursuite de la justice (car la Cour européenne des droits de l'homme statue presque toujours contre toute loi susceptible de violer le droit à la vie privée[1]). Il s'agit évidemment ici de divergences d'opinions mais tout est resté en général assez équilibré dans l'intérêt de toutes les parties.

Indépendamment de son interpretation, l'héritage de la CEDH sur le droit à la vie privée s'est étendu à travers les décennies jusque dans notre paysage juridique moderne.

En 1981, le Conseil de l'Europe a établi des normes pour assurer la libre circulation des informations dans les États membres européens sans empiéter sur la vie privée. La convention qui a promulgué ces normes – la Convention pour la protection des personnes à l'égard du traitement automatisé des données à caractère personnel – a été développée en réaction à l'utilisation florissante des ordinateurs concernant le stockage et le traitement des données à caractère personnel. Les normes minimales énoncées sont donc devenues la base de la première série de lois sur la vie privée en Europe.

Cependant, comme nous le savons, la puissance et la disponibilité informatique a connu un essor gigantesque dans les années 80 et 90 et en 1995 plus d'un million de résidents au Royaume-Uni étaient des utilisateurs réguliers de l'internet. De plus au fil des ans, depuis l'application de la Convention, les lois sur la protection des données des États membres de l'UE avaient dévié et ceci a commencé à entraver la circulation des données dans l'Union Européenne – et par conséquent à entraver les entreprises. Clairement les régimes de protection de données existants en Europe étaient inadéquats au soutien des articles 8

---

[1] Surtout si ces lois semblaient enfreindre ou empiéter sur d'autres articles de la CEDH, tels que l'article 10 – le droit à la liberté d'expression et d'information.

et 10 de la CEDH et ainsi la Directive sur la protection des données (DPD) a été promulguée en 1995.

La DPD exigeait que les États membres de l'UE réagissent en développant leurs propres lois afin de satisfaire de nouvelles normes minimales plus rigoureuses, tout en tenant compte des ordinateurs et des appareils électroniques beaucoup plus performants, facilement accessibles et abordables. Il s'agissait fonctionnellement d'un 'redémarrage' pour la protection des données, qui obligeait tous les États membres à s'aligner sur elle et donc à améliorer les protections des données à caractère personnel, tout en réduisant en même temps les fardeaux qui entravaient la libre communication des données dans l'Union.

La DPD a également établi des règles sur le transport des données à caractère personnel hors de l'UE. Ceci a été fameusement reflété dans le cadre du US-EU Safe Harbor (sphère de sécurité États-Unis-UE), qui affirmait que les lois sur la protection des données des États-Unis étaient suffisantes pour assurer la protection des données à caractère personnel qui provenaient de l'UE, tant que le destinataire aux États-Unis observait un certain nombre de principes de protection des données autocontrôlés. Alors que ce cadre s'est vu être en violation avec la DPD en 2015, il a néanmoins soutenu un volume considérable d'activité d'entreprises pendant 15 ans.

La loi de 1998 sur la protection des données au Royaume-Uni a été la loi britannique qui a promulgué les exigences de la DPD, se basant sur huit principes. Ces principes énonçaient clairement les objectifs principaux de la loi – ce qui a rendu la détermination de la conformité des organisations relativement simple. Néanmoins, une certaine complexité existait dans la loi élargie et les constantes modifications et mises à jour ont à force rendu cette loi trop vaste et trop lourde.

En parallèle, en Allemagne, la protection des données était principalement règlementée par la Loi Fédérale sur la protection des données (Bundesdatenschutzgesetz, BDSG), soutenue par un certain nombre de règlements sectoriels à différents niveaux du gouvernement fédéral et étatique. Voulant aussi répondre aux exigences de la DPD, cette loi était largement comparable à la loi du Royaume-Uni sur la protection des données mais avec toutefois des différences considérables dans les détails.

La loi française sur la protection des données (Loi informatique et libertés, LIL) qui date de 1978, a précédé de nombreuses autres lois nationales en matière de protection des données et a couvert la durée de vie de la Convention de l'UE et celle de la DPD. Au lieu de développer de nouvelles lois en réaction à ces pressions de l'Union Européenne, le législateur français a plutôt opté pour l'amendement de la loi existante. En dépit de cela, la LIL d'aujourd'hui est étonnamment concise.

Au sein de l'UE, une autre législation similaire a été promulguée mais avec le temps et par le biais de différents intérêts nationaux, il n'y a pas eu deux lois nationales suffisamment similaires pour qu'une organisation soit simultanément conforme dans son pays d'origine et dans tous les autres États membres de l'UE. Ainsi, la libre circulation des informations a été effectivement inhibée car les différents environnements règlementaires n'ont pas pu s'entendre sur des détails exigeant que les entreprises et les gouvernements similaires organisent des processus particuliers à un éventail croissant de scénarios. Ceci, en conjonction avec la progression régulière de la technologie, a créé l'environnement dans lequel le Règlement général sur la protection des données est né.

Le fait que la solution est un règlement plutôt qu'une directive (comme l'était la DPD) vaut la peine d'être discuté. Au sein de la législation européenne, une directive établit des conditions ou des exigences minimales mais ne passe aucune mesure particulière en elle-même. Ainsi, un individu ou une organisation n'est pas tenu d'être en conformité avec une directive. Chaque État membre est en fait obligé de passer ses propres lois afin de satisfaire les exigences minimales de la directive et ceci est ce que les organisations et les individus doivent respecter.

Parallèlement un règlement est fonctionnellement une loi et entre en vigueur dans l'Union simultanément. Aucun État membre n'est obligé de passer des lois supplémentaires afin de le mettre en vigueur et il n'est pas dépendant de l'interprétation du gouvernement local, des tribunaux locaux ou des autorités locales. À cause du poids juridique d'un règlement, le processus législatif est généralement plus long mais il assure par contre une plus grande cohérence dans l'Union.

Le RGPD a eu un parcours long et difficile avant d'obtenir l'approbation du Parlement et du Conseil Européens et ce ne fut pas sans controverse. Durant plusieurs années où il est resté à l'étape du comité et où il a été écrit et réécrit, il a fait l'objet de milliers de propositions d'amendements, s'orientant vers plus ou moins de confidentialité des données ; cependant les points les plus litigieux ont été peu à peu éliminés.

CHAPITRE 2 : TERMES ET DEFINITIONS

Avant d'entrer dans le vif du sujet concernant le règlement et la manière de s'y conformer, il serait utile de disposer d'un ensemble de définitions des termes les plus communs and utilisés. Sont inclues les définitions pourvues par le règlement et tout commentaire supplémentaire, jugé utile, a été ajouté.

Les règles d'entreprise contraignantes

> les règles internes relatives à la protection des données à caractère personnel qu'applique un responsable du traitement ou un sous-traitant établi sur le territoire d'un État membre pour des transferts ou pour un ensemble de transferts de données à caractère personnel à un responsable du traitement ou à un sous-traitant établi dans un ou plusieurs pays tiers au sein d'un groupe d'entreprises, ou d'un groupe d'entreprises engagées dans une activité économique conjointe ;[2]

Les règles d'entreprise contraignantes ont été conçues à l'origine par l'Article 29 Working Party (un groupe au sein de l'UE qui élabore et encourage les bonnes pratiques en matière de protection des données) afin de permettre aux grandes organisations ou groupes d'organisations de transférer des données en toute sécurité entre pays, tout en réduisant l'ingérence bureaucratique. Le RGPD met en place des conditions permettant aux États membres d'établir leurs propres règles d'entreprise contraignantes en vue de simplifier les transferts internationaux.

Données biométriques

---

[2] RGPD UE, Article 4 (20).

les données à caractère personnel résultant d'un traitement technique spécifique, relatives aux caractéristiques physiques, physiologiques ou comportementales d'une personne physique, qui permettent ou confirment son identification unique, telles que des images faciales ou des données dactyloscopiques ;[3]

Les données biométriques sont de plus en plus utilisées en tant que méthode d'authentification, et souvent en conjonction avec d'autres données qui devraient être protégées (telles que les mots de passe et par extension toute information qui peut être accessible par ce biais). Les États membres ont le droit d'introduire des limitations ou des conditions supplémentaires concernant le traitement des données biométriques.

Consentement

toute manifestation de volonté, libre, spécifique, éclairée et univoque par laquelle la personne concernée accepte, par une déclaration ou par un acte positif clair, que des données à caractère personnel la concernant fassent l'objet d'un traitement ;[4]

Le consentement est un concept du RGPD extrêmement important et il est largement abordé ultérieurement dans cet ouvrage.

Traitement transfrontalier

(a) un traitement de données à caractère personnel qui a lieu dans l'Union dans le cadre des activités d'établissements dans plusieurs États membres d'un responsable du traitement ou d'un sous-traitant lorsque le responsable du traitement ou le sous-traitant est établi dans plusieurs États membres ; ou

[3] RGPD UE, Article 4 (14).
[4] RGPD UE, Article 4 (11).

(b) un traitement de données à caractère personnel qui a lieu dans l'Union dans le cadre des activités d'un établissement unique d'un responsable du traitement ou d'un sous-traitant, mais qui affecte sensiblement ou est susceptible d'affecter sensiblement des personnes concernées dans plusieurs États membres.[5]

Ceci se réfère à des transferts de données au sein de l'Union Européenne ; lorsque ceci se produit, le règlement dispose de stipulations précisant quelle autorité de contrôle doit intervenir.

Données concernant la santé

> les données à caractère personnel relatives à la santé physique ou mentale d'une personne physique, y compris la prestation de services de soins de santé, qui révèlent des informations sur l'état de santé de cette personne ;[6]

Les données concernant la santé bénéficient de protections particulières en vertu du règlement dans le but de protéger les personnes vulnérables. Alors que toutes les données à caractère personnel doivent être protégées, certaines formes – telles que les données concernant la santé – ont des restrictions supplémentaires concernant les méthodes et les délais de traitement ainsi que le niveau de consentement requis pour l'autorisation du traitement des données. Les États membres ont le droit d'ajouter des limitations ou des conditions supplémentaires au traitement des données concernant la santé.

Responsables du traitement

> la personne physique ou morale, l'autorité publique, le service ou un autre organisme qui, seul ou conjointement avec d'autres, détermine les finalités et les moyens du traitement; lorsque les finalités et les moyens de ce

---

[5] RGPD UE, Article 4 (23).
[6] RGPD UE, Article 4 (15).

> traitement sont déterminés par le droit de l'Union ou le droit d'un État membre, le responsable du traitement peut être désigné ou les critères spécifiques applicables à sa désignation peuvent être prévus par le droit de l'Union ou par le droit d'un État membre ;[7]

Ceux-ci seront normalement les entités 'qui font face au public' et auxquelles les personnes concernées fournissent leurs données. Par exemple, un hôpital peut avoir un formulaire en ligne qui permet d'entrer des données concernant la santé ; même si le formulaire en ligne est fourni par un tiers, l'hôpital (qui déterminera pour quoi les données sont traitées) sera le responsable du traitement des données.

Sous-traitants

> la personne physique ou morale, l'autorité publique, le service ou un autre organisme qui traite des données à caractère personnel pour le compte du responsable du traitement ;[8]

Très souvent, le sous-traitant et le responsable du traitement seront la même entité. Dans l'exemple ci-dessus, l'organisation qui fournit le formulaire en ligne sera un sous-traitant car l'action de collecte des données est inclue dans la définition de « traitement ».[9] Un seul responsable du traitement peut avoir plusieurs sous-traitants.

Personne concernée

Le règlement entend par personne concernée « une personne physique identifiée ou identifiable ».[10] Il n'existe pas de restriction concernant la nationalité ou le lieu de résidence cependant, et la personne concernée peut se trouver n'importe

---

[7] RGPD UE, Article 4 (7).
[8] RGPD UE, Article 4 (8).
[9] RGPD UE, Article 4 (2).
[10] RGPD UE, Article 4 (1).

où dans le monde – le règlement ne fait pas de distinction. De même, cependant, la personne concernée doit être une *personne* ; une entreprise ou une autre entité ne peut pas être une personne concernée, et les données concernant ces derniers n'ont pas de protection en vertu du règlement.

Fichier

> tout ensemble structuré de données à caractère personnel accessibles selon des critères déterminés, que cet ensemble soit centralisé, décentralisé ou réparti de manière fonctionnelle ou géographique ; [11]

Ceci est utilisé comme un terme générique visant à couvrir l'ensemble des méthodes selon lesquelles les données à caractère personnel peuvent être collectées, stockées, transmises et traitées.

Données génétiques

> les données à caractère personnel relatives aux caractéristiques génétiques héréditaires ou acquises d'une personne physique qui donnent des informations uniques sur la physiologie ou l'état de santé de cette personne physique et qui résultent, notamment, d'une analyse d'un échantillon biologique de la personne physique en question ;[12]

Avec l'intérêt grandissant pour la génétique et l'ingénierie génétique, ainsi que les préoccupations publiques sur le statut juridique des données génétiques, le règlement inclut les données génétiques dans les données à caractère personnel, offrant de ce fait des protections au moins égales aux autres données à caractère personnel. Les États membres ont le droit

---

[11] RGPD UE, Article 4 (6).
[12] RGPD UE, Article 4 (13).

d'ajouter des limitations ou des conditions supplémentaires concernant le traitement des données génétiques.

Etablissement principal

(a) en ce qui concerne un responsable du traitement établi dans plusieurs États membres, le lieu de son administration centrale dans l'Union, à moins que les décisions quant aux finalités et aux moyens du traitement de données à caractère personnel soient prises dans un autre établissement du responsable du traitement dans l'Union et que ce dernier établissement a le pouvoir de faire appliquer ces décisions, auquel cas l'établissement ayant pris de telles décisions est considéré comme l'établissement principal ;

(b) en ce qui concerne un sous-traitant établi dans plusieurs États membres, le lieu de son administration centrale dans l'Union ou, si ce sous-traitant ne dispose pas d'une administration centrale dans l'Union, l'établissement du sous-traitant dans l'Union où se déroule l'essentiel des activités de traitement effectuées dans le cadre des activités d'un établissement du sous-traitant, dans la mesure où le sous-traitant est soumis à des obligations spécifiques en vertu du présent règlement ;[13]

La détermination de « l'établissement principal » pour les organisations qui ont une présence dans de multiples États membres sera importante car ceci définit quelle autorité de contrôle sera impliquée et ceci pourrait avoir un certain impact sur les différentes limitations et conditions dans le traitement de certains types de données à caractère personnel (telles que les données biométriques, génétiques et concernant la santé).

[13] RGPD UE, Article 4 (16).

Données à caractère personnel

> toute information se rapportant à une personne physique identifiée ou identifiable (ci-après dénommée «personne concernée») ; est réputée être une « personne physique identifiable » une personne physique qui peut être identifiée, directement ou indirectement, notamment par référence à un identifiant, tel qu'un nom, un numéro d'identification, des données de localisation, un identifiant en ligne, ou à un ou plusieurs éléments spécifiques propres à son identité physique, physiologique, génétique, psychique, économique, culturelle ou sociale ; [14]

Notez particulièrement ici que l'ensemble des caractéristiques ci-dessus n'est pas exhaustif : *toute* information qui pourrait être utilisée pour identifier la personne concernée est l'information à caractère personnel et cette information peut être sous n'importe quel format. Ceci peut comprendre des photographies, la correspondance, les médias physiques, etc.

Violation de données à caractère personnel

> une violation de la sécurité entraînant, de manière accidentelle ou illicite, la destruction, la perte, l'altération, la divulgation non autorisée de données à caractère personnel transmises, conservées ou traitées d'une autre manière, ou l'accès non autorisé à de telles données ;[15]

La majorité des violations de données auxquelles le règlement s'intéresse sont des violations de données à caractère personnel. Plus de violations de données à caractère général seront visées si les données perdues entraînaient une violation de données à caractère personnel.

Traitement

---

[14] RGPD UE, Article 4 (1).
[15] RGPD UE, Article 4 (12).

> toute opération ou tout ensemble d'opérations effectuées ou non à l'aide de procédés automatisés et appliquées à des données ou des ensembles de données à caractère personnel, telles que la collecte, l'enregistrement, l'organisation, la structuration, la conservation, l'adaptation ou la modification, l'extraction, la consultation, l'utilisation, la communication par transmission, la diffusion ou toute autre forme de mise à disposition, le rapprochement ou l'interconnexion, la limitation, l'effacement ou la destruction ;[16]

Ceci est une définition extrêmement large mais à nouveau elle n'est pas exhaustive. Fonctionnellement, le traitement peut inclure toute interaction faite avec les données à caractère personnel, ayant n'importe quelle forme. La mise en place de la gamme complète du traitement pour lequel vous êtes responsable sera une partie importante du respect du règlement.

Profilage

> toute forme de traitement automatisé de données à caractère personnel consistant à utiliser ces données à caractère personnel pour évaluer certains aspects personnels relatifs à une personne physique, notamment pour analyser ou prédire des éléments concernant le rendement au travail, la situation économique, la santé, les préférences personnelles, les intérêts, la fiabilité, le comportement, la localisation ou les déplacements de cette personne physique;[17]

Les personnes concernées doivent toujours d'abord être informées avant de donner leur consentement au cas où des traitements de profilage sont effectués sur leurs données à caractère personnel.

---

[16] RGPD UE, Article 4 (2).
[17] RGPD UE, Article 4 (4).

Pseudonymisation

> le traitement de données à caractère personnel de telle façon que celles-ci ne puissent plus être attribuées à une personne concernée précise sans avoir recours à des informations supplémentaires, pour autant que ces informations supplémentaires soient conservées séparément et soumises à des mesures techniques et organisationnelles afin de garantir que les données à caractère personnel ne sont pas attribuées à une personne physique identifiée ou identifiable ;[18]

Alors que le règlement considère en général la pseudonymisation comme une chose positive, il précise aussi que les données de pseudonymisation qui peuvent être « attribuées à une personne physique en ayant recours à des informations supplémentaires devraient être considérées comme des informations concernant une personne physique identifiable ».[19] Ainsi, toute organisation qui utilise la pseudonymisation en vue de protéger des données à caractère personnel devrait garantir l'impossibilité d'identifier la personne concernée originale au cas où des informations supplémentaires sont rendues disponibles. Comme il est noté dans la définition, ceci devrait inclure des mesures permettant de séparer complètement les données pseudonymisées de toute autre donnée à caractère personnel.

Représentant

> une personne physique ou morale établie dans l'Union, désignée par le responsable du traitement ou le sous-traitant par écrit, en vertu de l'article 27, qui les représente en ce qui concerne leurs obligations respectives en vertu du présent règlement ;[20]

---

[18] RGPD UE, Article 4 (5).
[19] RGPD UE, considérant 26.
[20] RGPD UE, Article 4 (17)

Les organisations (à la fois les responsables du traitement et les sous-traitants) qui ne sont pas établies dans l'UE mais qui souhaitent effectuer un traitement en accord avec l'article 27 doivent désigner un représentant qui est établi dans l'UE. Ceci permettra d'assurer que toute collecte et tout traitement important de données à caractère personnel aient une présence dans l'UE ainsi qu'une communication directe avec les autorités.

Autorité de contrôle

> une autorité publique indépendante qui est instituée par un État membre en vertu de l'article 51;[21]

Dans la plupart des cas, l'autorité de contrôle sera l'autorité qui est actuellement responsable des mesures de protection des données. Les autorités de contrôle de l'UE sont énumérées à l'Annexe 1.

[21] RGPD UE, Article 4 (21).

CHAPITRE 3 : LE REGLEMENT

Le RGPD a été adopté par le Conseil de l'Europe et le Parlement européen en avril 2016 et rentrera en vigueur dans chaque État membre de l'UE en mai 2018. Au moment où j'écris ce livre, il reste un peu moins de deux ans pendant lesquels les organisations pourront se préparer pour répondre aux critères. Cependant le RGPD est un long document qui énonce les exigences que doivent suivre les organisations et les États membres et il prévoit la création d'un Comité européen de protection des données. Ce chapitre vise à donner un aperçu rapide des points clés dont vous devez avoir connaissance pour vous préparer à la conformité.

Le texte complet du RGPD peut être trouvé sur la base de données EUR-Lex (*http://eur-lex.europa.eu/*) dans toutes les langues de L'Union Européenne.[22] Les autorités de contrôle nationales fourniront, le cas échéant, des recommandations locales sur la conformité et leurs sites internet devraient être consultés dans le cadre de votre volonté de conformité. Les sites internet des autorités de contrôle nationales sont énumérés dans leur ensemble à l'Annexe 1 de ce guide de poche.

Alors que vous devez indubitablement vous engager avec vos conseillers professionnels pour vous assurer que votre documentation juridique est bien modifiée dans sa totalité pour vous conformer au RGPD, ce guide de poche vous donnera un

[22] Le texte complet du règlement peut être trouvé en anglais à *http://eur-lex.europa.eu/legal-content/EN/TXT/PDF/?uri=CELEX:52012PC0011&rid=2* ou sur la base de données accessible du Conseil européen à *http://data.consilium.europa.eu/doc/document/ST-5419-2016-INIT/en/pdf*.

aperçu beaucoup moins coûteux des obligations et de votre itinéraire à suivre en vue d'atteindre la conformité.

Le fait de ne pas pouvoir atteindre les exigences du règlement peut être également coûteux. Le règlement spécifie que des amendes administratives doivent suivre « des garanties procédurales appropriées conformément au droit de l'Union et au droit des États membres, y compris un recours juridictionnel effectif et une procédure régulière »,[23] ; les organisations ne seront donc pas pénalisées sommairement. Le règlement énonce également que les amendes se veulent « effectives, proportionnées et dissuasives »,[24] et vous pouvez assumer qu'il est voulu que les amendes soient suffisamment importantes et douloureuses pour décourager les violations au règlement : la menace de telles amendes devrait idéalement assurer la conformité au RGPD de tous les responsables du traitement et sous-traitants.

Les infractions à certains articles sont passibles de la sanction administrative maximale (comme il est noté, jusqu'à quatre pour cent du chiffre d'affaire annuel mondial ou 20 millions d'euros, et le chiffre le plus élevé sera retenu). Les infractions aux exigences par rapport aux transferts internationaux font aussi l'objet de la plus haute sanction.

Les sanctions les plus hautes s'appliquent aux articles suivants :

- 5 – Les principes relatifs au traitement des données à caractère personnel
- 6 – La licéité du traitement
- 7 – Les conditions applicables au consentement

---

[23] RGPD UE, Article 83 (8).
[24] RGPD UE, Article 83 (1).

- 9 – Le traitement portant sur des catégories particulières de données à caractère personnel
- 12 – La transparence des informations, des communications et des modalités de l'exercice des droits de la personne concernée
- 13 – Les informations à fournir lorsque des données à caractère personnel sont collectées auprès de la personne concernée
- 14 – Les informations à fournir lorsque les données à caractère personnel n'ont pas été collectées auprès de la personne concernée
- 15 – Le droit d'accès de la personne concernée
- 16 – Le droit de rectification
- 17 – Le droit à l'effacement (« droit à l'oubli »)
- 18 – Le droit à la limitation du traitement
- 19 – L'obligation de notification en ce qui concerne la rectification ou l'effacement de données à caractère personnel ou la limitation du traitement
- 20 – Le droit à la portabilité des données
- 21 – Le droit d'opposition
- 22 – La prise de décision individuelle automatisée, y compris le profilage

Il existe aussi un taux plus faible de sanction pour la violation des autres articles du règlement, calculé à deux pour cent maximum du chiffre d'affaire mondial annuel ou de 10 million d'euros – à nouveau le chiffre plus élevé sera retenu. Ceci s'appliquera aux articles suivants :

- 8 – Les conditions applicables au consentement des enfants en ce qui concerne les services de la société de l'information

- 11 – Le traitement ne nécessitant pas l'identification
- 25 – La protection des données dès la conception et par défaut
- 26 – Les responsables conjoints du traitement
- 27 – Les représentants des responsables du traitement ou des sous-traitants qui ne sont pas établis dans l'Union
- 28 – Le sous-traitant
- 29 – Le traitement sous l'autorité du responsable du traitement ou du sous-traitant
- 30 – Registre des activités de traitement
- 31 – Coopération avec l'autorité de contrôle
- 32 – Sécurité du traitement
- 33 – Notification à l'autorité de contrôle d'une violation de données à caractère personnel
- 34 – Communication à la personne concernée d'une violation de données à caractère personnel
- 35 – Analyse d'impact relative à la protection des données
- 36 – Consultation préalable
- 37 – Désignation du délégué à la protection des données
- 38 – Fonction du délégué à la protection des données
- 39 – Missions du délégué à la protection des données
- 42 – Certification
- 43 – Organismes de certification

Principes

L'article 5 du RGPD énonce les six principes qui devraient s'appliquer à toute activité qui comprend la collecte ou le traitement de données à caractère personnel.

1. Les données à caractère personnel doivent être traitées licitement, justement et d'une manière transparente.
2. Les données à caractère personnel ne peuvent être collectées que pour des objectifs spécifiques, explicites et légitimes.
3. Les données à caractère personnel doivent être adéquates, pertinentes et se limiter à ce qui est nécessaire au traitement.
4. Les données à caractère personnel doivent être précises et constamment mises à jour.
5. Les données à caractère personnel doivent être conservées sous une forme qui permette à la personne concernée d'être identifiée uniquement pour le temps nécessaire au traitement.
6. Les données à caractère personnel doivent être traitées d'une manière qui assure leur sécurité.

Il est important de noter que le responsable du traitement a pour responsabilité de démontrer ceci et qu'il doit garantir les mêmes assurances de la part de tout sous-traitant externe avec qui il forme un contrat.

Ces six principes sont au centre du RGPD. Vous devez cependant être clair sur le sens de chacun surtout car certains termes sont considérablement plus larges que l'on peut l'imaginer (comme par exemple, « traitement » – une définition complète est donnée dans le chapitre précédent).

Fondamentalement, si vous pouvez démontrer que vous remplissez ces exigences, vous êtes vraisemblablement bien positionné pour satisfaire vos exigences de conformité au

RGPD, cependant il existe aussi très probablement d'autres aspects du règlement qu'il vous reste à appliquer à vos pratiques.

Applicabilité

Le RGPD s'applique à des organisations au sein de l'UE, et à toute organisation externe qui a une activité commerciale au sein de l'UE. Ceci inclut potentiellement des organisations partout dans le monde, peu importe le degré de difficulté potentiel de faire exécuter ce règlement. Néanmoins, cette recherche extensive est susceptible d'empêcher les organisations européennes de travailler avec les sociétés et les États qui ne satisfont pas les exigences du règlement. Ceci est parce que le règlement affirme que le responsable du traitement (certainement au sein de l'UE) et le sous-traitant sont tous les deux responsables en cas de violation de données. Avec ce potentiel d'amendes importantes et une applicabilité sur à la fois les responsables du traitement et les sous-traitants, il semble invraisemblable que beaucoup d'organisations soient prêtes à risquer la violation de ces dispositions d'extraterritorialité du RGPD.

Les données que le règlement vise à protéger sont celles des « personnes physiques, quels que soient leur nationalité ou lieu de résidence ». Il doit être noté, qu'à l'inverse de certains commentaires qui prétendent d'une manière erronée que ceci s'applique uniquement à des citoyens de l'UE, ceci compte pour les autres résidents de l'Union Européenne, y compris les réfugiés, les personnes titulaires de visas de travail et de visas de tourisme, les personnes qui ont des permis de résidence, etc. et ceci pourrait être aussi interprété comme s'appliquant à des résidents non-UE dont les données personnelles sont détenues et/ou traitées au sein de l'UE. A première vue, les organisations de l'UE liées par le règlement doivent protéger les données à caractère personnel de *quiconque* originaire de n'importe *où* dans le monde. Alors que ceci peut s'avérer difficile à appliquer pour les organisations qui se trouvent hors de l'UE, il faut se rappeler que le règlement ne fait pas de distinction entre les personnes concernées sur la base de leur nationalité ou du lieu ; les sous-traitants qui se trouvent hors de l'UE doivent en tous cas avoir un représentant désigné au sein d'un des États membres de l'UE.

Les données à caractère personnel mentionnées par le règlement sont maintenant beaucoup plus larges que celles qui étaient protégées en vertu de la Directive sur la protection des données et des différents actes législatifs qui les soutenaient. Le RGPD affirme que les données à caractère personnel auxquelles il s'intéresse sont :

> toute information se rapportant à une personne physique identifiée ou identifiable (ci-après dénommée «personne concernée»); est réputée être une «personne physique identifiable» une personne physique qui peut être identifiée, directement ou indirectement, notamment par référence à un identifiant, tel qu'un nom, un numéro d'identification, des données de localisation, un identifiant en ligne, ou à un ou plusieurs éléments spécifiques propres à son identité physique, physiologique, génétique, psychique, économique, culturelle ou sociale; [25]

Cette liste étendue de caractéristiques signifie qu'un grand nombre de données rendues anonymes ne peuvent plus convenir à la distribution ou au partage en public. Tout au moins, les organisations qui distribuent les données rendues anonymes devront analyser soigneusement si les données peuvent être liées – directement ou indirectement – à la vraie personne concernée. Cette liste de caractéristiques n'est pas non plus exhaustive, ainsi *toute* information qui pourrait être utilisée pour identifier la personne concernée devrait faire l'objet des mêmes protections.

[25] RGPD UE, Article 4 (1).

Droits des personnes concernées

Le RGPD accroit considérablement les droits des personnes concernées. Ceci a beaucoup été rapporté dans la presse – surtout le 'droit à l'oubli' – mais le règlement s'efforce d'équilibrer ces droits avec le droit à la libre circulation des données afin d'encourager « la poursuite des activités économiques ». Les droits élargis qui ont été accordés aux personnes concernées sont généralement caractérisés par un plus grand contrôle de leur part sur leurs données et une meilleure compréhension de leur utilisation.

Du point de vue de l'organisation, ceci signifie qu'il faudra vous assurer que vous sachiez clairement quelles sont les données que vous collectez et pour quelle raison vous les utilisez. Ceci représentera vraisemblablement un grand changement pour la plupart des organisations, mais ce sera crucial car de nombreuses limitations sur le traitement ont des mises en garde dans le règlement qui s'appliquent si la personne concernée a explicitement consenti. Alors que vous ne pensez peut-être pas que votre propre traitement des données ait besoin d'invoquer l'une de ces mises en garde, les règles en fait sur ce qui est permis sans consentement particulier sont étonnamment limitatives.

Si leurs droits sont enfreints, les personnes concernées pourront rechercher des recours juridictionnels contre les responsables du traitement et les sous-traitants, et auront également le droit de demander réparation aux responsables du traitement ou aux sous-traitants pour des dommages provenant des violations au RGPD. Les personnes concernées auront également le droit conformément à l'article 77 de déposer une plainte auprès de leur autorité de protection des données appropriée (appelée « autorité de contrôle » dans le règlement – voir plus bas pour plus de détails) si elles estiment que le traitement de leurs données à caractère personnel enfreint le RGPD. Plus généralement, les responsables du traitement seront désormais directement « redevables des dommages causés par le traitement qui enfreint » le RGPD. Comme il est noté précédemment, ceci permet d'assurer que le responsable du traitement ait un intérêt direct à assurer la sécurité de toute donnée à caractère personnel qu'il transmet à un sous-traitant, qui se trouverait soit dans l'Union Européenne, soit hors de l'Union Européenne.

Consentement

En général, vous devez avoir obtenu le consentement de la personne concernée pour traiter ses données. Bien qu'il existe des circonstances particulières qui n'exigent pas strictement le consentement de la personne, celles-ci concernent principalement des exigences juridiques (telles que la conformité à une autre loi, ou dans le but de protéger les droits d'une personne concernée), ou lorsque le consentement de la personne concernée est donné par le biais d'un contrat qu'elle a avec un tiers. Au-delà de ce genre d'exonérations, vous devrez veiller à obtenir le consentement de la personne concernée pour le traitement de toute donnée à caractère personnel.

Les responsables du traitement devront s'assurer d'obtenir un consentement clair et sans ambiguïté de la part de la personne concernée avant le traitement des données à caractère personnel. Il est important de noter que le responsable du traitement n'a pas le droit de considérer qu'il y a consentement « en cas de silence, de cases cochées par défaut ou d'inactivité. »[26] De plus, le traitement ne peut se faire sans le consentement de la personne concernée à chaque activité de traitement – si vous désirez effectuer six différentes actions avec les données de la personne concernée par exemple, il vous faut veiller à ce que la personne concernée ait consenti à la totalité de ces actions.

Ceci est un changement assez marquant des exigences de la DPD, qui permettait auparavant le consentement implicite et « par refus » dans certaines circonstances. Les enfants de moins de 16 ans également ne peuvent plus donner leur consentement

---

[26] RGPD UE, considérant 32.

au traitement de leurs données à caractère personnel, et ceci pourrait forcer certaines organisations à effectuer d'important changements sur la manière d'opérer, car le fait d'obtenir le consentement du « titulaire de la responsabilité parentale » pourrait être sinon difficile, voire impossible. L'article 8 prévoit des informations supplémentaires sur ceci mais ne décrit pas spécifiquement comment résoudre le problème ni comment les autorités de contrôle peuvent déterminer que vous avez rempli les exigences du règlement.

Le règlement note que le consentement peut être donné électroniquement en utilisant une case à cocher (bien que, comme il est noté plus haut, la personne concernée devra manuellement cocher la case elle-même), et ceci correspond à la procédure déjà utilisée par de nombreuses organisations pour assurer le consentement approprié d'activités particulières. Toutefois, à cause de la non-fiabilité notoire de l'utilisateur concernant les modalités (et parce que dans le passé des sociétés se sont retrouvées au tribunal concernant l'utilisation des passages imprimés en petits caractères dans ce genre de documents), le RGPD exige que le document de consentement soit présenté en termes simples. Selon la terminologie du règlement, « cette demande doit être claire et concise et ne doit pas inutilement perturber l'utilisation du service pour lequel il est accordé ».[27] Ce point peut être problématique, surtout lorsque vous avez besoin du consentement pour diverses activités.

La documentation sur le consentement est cruciale et elle représente un domaine clé au sujet duquel le conseil de vos experts juridiques est essentiel.

En dernier, le consentement peut être retiré. Rares sont les organisations qui ont mis en place un processus formel et efficace permettant aux personnes concernées de retirer leur

[27] RGPD UE, considérant 32.

consentement, cependant et – comme pour l'obtention du consentement en premier lieu – le règlement exige que le responsable du traitement fournisse une méthode où il est « aussi simple de retirer que de donner son consentement ».[28] Les programmeurs d'applications Web devront sans aucun doute concevoir et mettre en œuvre des solutions robustes pour permettre aux personnes concernées de retirer leur consentement en vertu de cette exigence.

Droit à l'oubli

Les personnes concernées ont le droit de voir leurs données détenues effacées en fonction d'un certain nombre de circonstances et ceci doit également se produire si elles retirent leur consentement sur la totalité du traitement pour lequel les données sont retenues. Il s'agit fonctionnellement d'un droit assez large. Les organisations n'auront pas un éventail particulièrement large d'options pour refuser d'effacer les données à caractère personnel ; elles devraient donc étudier la mise en place d'un processus d'effacement de toutes ces données lorsque cela s'avère nécessaire.

Alors que ceci semble assez simple, le responsable du traitement doit également prendre des « mesures raisonnables » pour effacer toute donnée à caractère personnel de la personne concernée qui pourrait être publique, telle que dans les articles de journaux ou les bases de données. Comme toute personne qui comprend comment fonctionne l'internet le sait, ceci est à peine possible – la variété des bases de données d'archive le garantit – mais il est assez plausible que l'autorité de protection des données de votre pays veuille voir un effort concerté dans ce sens et que toutes les mesures techniques et procédurales appropriées pour effacer les données ont été employées.

---

[28] RGPD UE, Article 7 (3).

Portabilité des données

Selon l'article 20 du règlement, les personnes concernées peuvent demander une copie de toute donnée à caractère personnel détenue sur elles, et également que cette information soit transmise à un autre responsable du traitement. Le règlement ne stipule pas précisément comme cette information doit être présentée ou le format dans lequel elle doit être, mais il exige que ce soit dans un « format structuré, couramment utilisé et lisible par machine ».

Alors que ceci ne devrait pas présenter trop de problèmes à la plupart des organisations, le fait de déterminer un format approprié avant que l'on vous demande de fournir cette information est une démarche judicieuse. Comme pour la liberté des demandes d'informations, l'important est de veiller à ce que le processus soit peu coûteux et efficace.

Certaines entreprises auront déjà eu des contacts appropriés avec d'autres organisations pour faciliter le transfert des données – banques et autres institutions financières par exemple – et ces contacts pourraient être optimisés pour uniformiser le processus.

Licéité du traitement

Comme il a été noté plus haut, les responsables du traitement sont imputables pour assurer la licéité, l'équité et la transparence du traitement des données. La licéité du traitement est expliquée à l'article 6, clarifiant qu'il garantit que la personne concernée doit avoir donné son consentement (en incluant donc toutes les exigences du consentement notées précédemment), ou bien que le traitement est nécessaire pour effectuer certaines missions, dont la plupart exige la considération des intérêts de la personne concernée.

Il faut noter que le traitement est licite s'il est « nécessaire aux fins des intérêts légitimes poursuivis par le responsable du traitement ou par un tiers, à moins que ne prévalent les intérêts ou les libertés et droits fondamentaux de la personne concernée qui exigent une protection des données à caractère personnel, notamment lorsque la personne concernée est un enfant ».[29] Alors que cette mise en garde rend essentiellement licite tout traitement raisonnable en conformité avec les intérêts de votre organisation, vous devez veiller à ce que ceci ne menace pas les intérêts, droits ou libertés de la personne concernée, ne soit pas contraire à une autre loi ou un autre règlement (au niveau local, national ou de l'Union), et soit « nécessaire à l'exécution d'une mission d'intérêt public ou relevant de l'exercice de l'autorité publique dont est investi le responsable du traitement ».[30] Il va sans dire que les organisations devront avoir la prudence de veiller à ce que tout traitement sans consentement (ou relevant d'une des autres conditions stipulées) soit clairement autorisé dans le cadre de l'intérêt public. Dans presque la totalité des cas, il sera plus simple et plus sûr d'obtenir le consentement.

En plus de ces exigences, les données à caractère personnel ne peuvent être traitées que pour des objectifs limités, de façon minime et avec exactitude. Ceci touche à l'exigence de la transparence : la personne concernée doit être consciente de la nature du traitement, qui informera les 'objectifs limités' et 'la façon minime'.

Le traitement portant sur des catégories particulières de données (par exemple, l'ethnie, l'orientation sexuelle, la santé, etc.) est explicitement interdit sauf dans des circonstances très spécifiques.[31]

Conservation des données

Comme il a été noté précédemment, les personnes concernées ont le droit à l'oubli, et c'est alors que le responsable du traitement doit effacer toute information détenue sur elle. En

---

[29] RGPD UE, Article 6 (1) (e).
[30] RGPD UE, Article 6 (3).
[31] RGPD UE, Article 9.

plus de ceci, toutefois, les données à caractère personnel ne peuvent être conservées que pour des périodes limitées, et ceci doit être clair pour la personne concernée au moment où elle donne son consentement. Ceci n'est pas une règle stricte bien sûr car certaines données à caractère personnel pourraient être détenues effectivement indéfiniment (par des organismes publics à des fins gouvernementales particulières par exemple) et d'autres traitements par nature pourraient être continus.

Peu importe la durée de temps pour laquelle vous avez l'intention de conserver les données à caractère personnel, la confidentialité et l'intégrité doivent être sécurisées – y compris contre la perte accidentelle, la destruction ou les dommages. Ceci est particulièrement important et devrait être une priorité du plus niveau pour chaque organisation, ne fût-ce qu'en raison du signalement obligatoire de violation de données (que j'expliquerai plus loin). Alors qu'il est vrai que ceci est déjà une exigence générale dans presque toutes les régimes de protection des données, vous devez vous assurer que vos pratiques de sécurité des informations couvrent toute la gamme des données à caractère personnel – qui, il ne faut pas oublier est désormais beaucoup plus large – et que vos prestataires et partenaires comprennent également ceci et le mettent en œuvre.

Le « guichet unique »

Le règlement est prévu pour être un projet unique, appliqué de manière cohérente dans l'Union Européenne afin de maintenir un marché commun et soutenir la libre circulation des informations.

Le Comité de la protection des données dans l'Union Européenne créé par le RGPD a plusieurs tâches, y compris celui d'assurer que toute mesure développée et adoptée dans les États membres soit cohérente avec les objectifs du RGPD. Le Comité sera composé de membres de l'autorité de contrôle chef de file de chaque État, devant assurer que les lois demeurent relativement cohérentes et avec un impact minimal sur le commerce.

Chaque État déterminera un certain nombre d'autorités de contrôle ou d'autorités de protection des données, qui seront le point de contact local de toutes les questions sur le RGPD. Ceci est le mécanisme du « guichet unique » qui vise à réduire la charge bureaucratique engagée dans le traitement des questions pan-Union Européenne potentiellement complexes de protection des données, de l'anonymat, etc. Chaque État déterminera également une autorité de contrôle ou une autorité de protection des données chef de file qui désignera un membre du Comité de la protection des données décrit plus haut. Il est assez vraisemblable que de nombreux pays ne se soucieront pas d'avoir de multiples autorités de contrôle, simplement parce que cela est déjà centralisé et il n'est pas intéressant d'élargir la bureaucratie, mais certains États non-unitaires pourraient choisir d'opérer ces autorités sur une base régionale, avec une autorité de contrôle chef de file établie au niveau national.

Les organisations qui traitent les données à caractère personnel dans un certain nombre de pays de l'UE auront affaire à l'autorité de protection des données dans leur juridiction principale. Ceci couvrira tout le traitement des données transfrontalier intra-UE.

Registre des activités de traitement des données

L'article 30 exige que chaque responsable du traitement conserve un registre de ses activités de traitement des données. Ce registre doit contenir un ensemble spécifique d'informations indiquant clairement que les données ont été traitées, où elles ont été traitées, ainsi que la manière et les raisons du traitement.

De même, les sous-traitants doivent, conformément au même article, garder un registre de tout traitement effectué au nom du responsable du traitement. Il doit être noté que la définition de « traitement » est tellement large que même les organisations qui uniquement collectent, effacent ou détruisent les données à caractère personnel sont considérées comme les traitant.

Ce registre doit être mis à la disposition de l'autorité de contrôle sur demande. Il ne semble pas y avoir d'obligation pour le responsable du traitement de payer une charge pour officiellement s'inscrire auprès d'une autorité de contrôle.

Analyses d'impact relatives à la protection des données

Ce que le RGPD appelle analyses d'impact relatives à la protection des données sont maintenant obligatoires pour les technologies et les traitements qui sont susceptibles d'entraîner un risque élevé sur les droits des personnes concernées. Comme pour les autres analyses d'impact, vous devrez vous assurer d'avoir reçu les conseils de l'autorité adéquate.

L'autorité de contrôle dans chaque État membre de l'UE peut énumérer les situations spécifiques pour lesquelles une analyse d'impact relative à la protection des données est nécessaire ou non. Peu importe si c'est le cas ou non, la plupart des organisations devraient s'assurer qu'une analyse d'impact relative à la protection des données soit inclue dans leurs processus d'évaluation de risques concernant les données à caractère personnel et soit en ligne avec leurs stratégies de protection des données dès la conception et de protection des données par défaut.

Tout de même une petite lumière pointe à l'horizon concernant ceci car une seule analyse d'impact relative à la protection des données peut examiner un groupe d'opérations de traitement similaires ayant des risques comparables. Cela signifie que les responsables du traitement qui opèrent un grand nombre de traitements sur des groupements de données peuvent se débarrasser d'un fardeau important relativement rapidement.

Une fois de plus, le responsable du traitement est responsable de veiller à ce que les analyses d'impact relatives à la protection des données soient effectuées. Il n'est pas obligatoire que le responsable du traitement effectue lui-même en fait l'évaluation d'impact relative à la protection des données, cependant dans de nombreux cas lorsque le traitement a été contracté par un tiers, il serait plus raisonnable de le faire faire par le sous-traitant.

Protection des données dès la conception et protection des données par défaut

Les analyses d'impact relatives à la protection des données s'inscrivent bien dans la considération de la protection des données dans la phase de conception d'une demande ou d'un traitement.

La notion de renforcement des mesures sur la vie privée ou les données de protection au sein des demandes ou des traitements n'est pas nouvelle. Il en est de même pour la considération de la vie privée ou la protection des données dans la phase initiale de conception, souvent appelée « vie privée par conception ». Néanmoins le règlement rend ceci obligatoire à l'article 25. Veuillez noter que ceci inclut des traitements, pas seulement des demandes – si un de vos traitements entraînait une perte de protection de données, et vous n'avez pas abordé ceci « dès la conception et par défaut », vous serez vraisemblablement responsable en cas de violation de données.

Il est important de se souvenir que le règlement ne spécifie pas le degré de sécurité que vous devez appliquer ni les mesures spécifiques que vous devez utiliser – votre obligation est simplement de « mettre en œuvre des mesures techniques et organisationnelles appropriées ».[32] L'élément crucial sera de garantir que vous pouvez prouver à l'autorité de contrôle qu'en fait vous avez pris la protection des données en compte dès le début de votre conception.

L'article prévoit une mise en garde car vous pouvez prendre l'état d'avancement actuel en compte (entre autres), et il est

---

[32] RGPD UE, Article 24 (1).

possible que la seule mesure vraiment efficace n'ait pas encore été inventée mais ceci ne va vraisemblablement pas convaincre l'autorité de contrôle. Au lieu de ceci, on vous dira probablement que vous auriez dû définir que les risques étaient trop grands et que vous n'auriez pas dû aller de l'avant. En fin de compte, ceci fait partie de la considération de l'état d'avancement et détient une place importante dans la protection des données *par défaut.*

Contrats du responsable du traitement/sous-traitant

Lorsqu'un responsable du traitement conclut un contrat avec un sous-traitant pour traiter des données à caractère personnel, ce sous-traitant doit être capable de fournir « des garanties suffisantes quant à la mise en œuvre de mesures techniques et organisationnelles »[33] selon lesquelles le traitement sera conforme au RGPD et assurera la protection des droits de personnes concernées. Cette exigence s'étend à la chaine d'approvisionnement, ainsi un sous-traitant ne peut engager un second sous-traitant sans l'autorisation explicite du responsable du traitement et ceci signifiera bien-sûr également que le second sous-traitant devra fournir les mêmes garanties.

Ceci est une bonne pratique simple pour démarrer et ne devrait pas poser de problème significatif aux organisations qui ont déjà en place des pratiques de sécurité de l'information solides pour les contrats de fournisseurs.

Peu importe l'état actuel de la sécurité de l'information de votre organisation, vous devriez vous assurer que les dispositions contractuelles soient réexaminées et mises à jour. Veillez à ce que les responsabilités et les engagements entre le responsable du traitement et le sous-traitant soient stipulés. Vous devrez documenter les responsabilités de données très clairement pour qu'il n'y ait pas de confusion et vous devrez peut-être accepter

---

[33] RGPD UE, Article 28 (1).

que les niveaux de risque accrus et les exigences de mesures de protection des données aient un impact sur les frais de service.

Les certifications aux normes internationales, telles que ISO/IEC 27001 sont reconnues comme des moyens efficaces pour démontrer que des mesures techniques et organisationnelles appropriées ont été mises en œuvre.

Délégué à la protection des données

De nombreuses organisations devront désigner un délégué à la protection des données (DPD). Vous aurez besoin d'un DPD sur la base des trois conditions suivantes :

1. Si les données sont traitées par une autorité ou un organisme public, sauf pour les tribunaux qui agissent dans leur capacité judiciaire.
2. Si les activités principales du responsable du traitement ou du sous-traitant consistent au traitement des opérations qui nécessitent l'observation régulière et systématique des personnes concernées à grande échelle.
3. Si les activités du responsable du traitement ou du sous-traitant consistent au traitement de grandes quantités de catégories particulières de données et de données à caractère personnel relatives aux condamnations pénales et aux infractions.

En pratique, ces conditions concernent un grand nombre d'organisations, et il n'est pas rare de voir des sociétés désigner un DPD même si elles n'y sont pas strictement obligées – il est possible qu'un jour les affaires ordinaires d'une organisation connaissent une hausse ou s'ajustent légèrement et qu'elles aient soudain besoin d'un DPD ; dans tous les cas, vu la série d'obligations imposée par le RGPD sur les organisations, la désignation d'une personne adéquatement qualifiée à ce rôle apparait comme une démarche raisonnable de limitation des risques.

L'article 9 du règlement élabore sur les « catégories particulières de données » mentionnées ci-dessus, à savoir « le traitement des données à caractère personnel qui révèle l'origine raciale ou ethnique, les opinions politiques, les convictions religieuses ou philosophiques ou l'appartenance syndicale, ainsi que le traitement des données génétiques, des données biométriques aux fins d'identifier une personne physique de manière unique, des données concernant la santé ou des données concernant la vie sexuelle ou l'orientation sexuelle d'une personne physique sont interdits », bien que plusieurs réserves s'appliquent afin de permettre une utilisation légitime de ces informations.

Le DPD est désigné par le responsable du traitement et le cas échéant par le sous-traitant, et un groupe de responsables de traitement et de sous-traitants peuvent partager le même DPD tant que celui-ci est « facilement accessible à partir de chaque établissement ». Ceci signifie que les organisations qui n'ont peut-être pas les moyens de désigner un DPD pour elles-mêmes peuvent travailler avec ces autres organisations pour s'assurer leur conformité au RGPD. L'article 9 (6) indique clairement que le DPD peut être employé sous un contrat de service, il est donc assez raisonnable de s'attendre à ce qu'un certain nombre de fournisseurs veuille fournir ces services.

Les DPD doivent être qualifiés pour ce rôle et avoir une expertise des lois et des pratiques de la protection des données, et être capables de satisfaire les exigences de l'article 39 – « les missions du délégué à la protection des données ». Ils doivent rendre un rapport directement à la Direction et ceci renforce l'idée que la protection des données demeure une question significative pour le Conseil de direction et les cadres supérieurs et qu'ils doivent rester bien informés.

Les tâches des DPD consistent généralement à veiller sur la conformité du responsable du traitement et du sous-traitant envers la législation pertinente de la protection des données, en particulier le RGPD. Les délégués doivent également dispenser des conseils, contrôler les analyses d'impact sur la protection des données et faire office de point de contact immédiat pour l'autorité de contrôle. Le nom et les coordonnées du DPD doivent également être inclus dans un certain nombre de rapports et publiés par le responsable du traitement ou le sous-traitant ; les politiques de vie privée des sites internet seraient un lieu raisonnable pour ceci.

Responsabilité et le Conseil d'administration

Vu l'ampleur des amendes potentielles, les droits des personnes concernées à porter plainte et demander des dommages et intérêts, et la prévalence et l'efficacité de la cybercriminalité, une violation du RGPD devrait aller directement au registre des risques du Conseil et devrait rester une priorité dans les plannings du Conseil et de la Direction.

Il est également important de se rappeler que dans la plupart des cas, le responsable du traitement sera responsable des échecs de tout sous-traitant. Cela ne signifie pas que le sous-traitant peut éviter des amendes et des sanctions administratives – ils seront également tenus responsables – mais il est crucial que le Conseil et la Direction veillent à ce que tous les sous-traitants tiers qu'ils engagent opèrent en conformité avec le règlement, quelle que soit la juridiction sous laquelle ils opèrent.

En plus du DPD, il y aura plusieurs autres rôles qui nécessitent un certain niveau d'expérience concernant les exigences du RGPD – la plupart du personnel RH, ainsi que les cadres moyens et supérieurs dans pratiquement toute fonction qui traite de données à caractère personnel traitées, stockées ou transmises par l'organisation. Une formation de sensibilisation du personnel devrait accompagner la formation plus focalisée qui s'applique aux directeurs.

Violations de données

En plus de nuire à l'activité professionnelle des entreprises, même si les autorités ne sont pas impliquées, les violations de données sont beaucoup plus strictement règlementées en vertu du RGPD. Sous les régimes actuels de protection des données au sein de l'UE, de nombreuses violations de données ont tendance à se produire sans que les autorités pertinentes en soient averties, sans parler des personnes qui ont été affectées. Cependant, le règlement rend obligatoire le fait d'informer l'autorité de contrôle et les personnes concernées.

Il existe bien sûr quelques exceptions à la règle concernant les notifications mais ceci constituera une partie importante de vos meilleures pratiques de veiller à avoir des processus en place pour effectuer ces notifications en cas de violation de données. Au moins, votre procédure de réponse à une violation devrait inclure une consultation avec un DPD pour confirmer si la notification est nécessaire.

Les rapports de violation de données doivent être rédigés dans les 72 heures qui suivent le moment où le responsable du traitement a eu connaissance de de la violation. Si cette exigence n'est pas remplie, le rapport éventuel doit être accompagné d'une justification du retard. La notification doit suivre un format spécifique, à savoir l'obligation de décrire les mesures qui seront prises pour aborder la violation et mitiger ses possibles effets secondaires. Là où la violation pourrait entraîner un risque élevé pour les droits et libertés des personnes concernées, il est impératif de les contacter « sans retard excessif ». Ce contact ne sera pas nécessaire si des mesures de protection appropriées – essentiellement le cryptage – sont en place pour éliminer le danger envers les personnes concernées.

Les processus de réponse à l'incident et de signalement de violation pourraient (et devraient) être étendus afin de couvrir la totalité des cyber-violations potentielles. Des tests et une maintenance continue de ces processus seront importants pour garantir votre respect du délai des 72 heures – et pour démontrer que vous avez agi dans le but de protéger les droits des personnes concernées. Typiquement, les processus de réponse aux incidents sont couverts par les systèmes de gestion ISO 27001.

Cryptage

Il serait également sensé de réexaminer les dispositions existantes en matière de bases de données et de cryptage. Les organisations devraient déjà encrypter les appareils portables mais, vu l'ampleur à laquelle le cryptage pourrait mitiger les impacts d'une violation de données, il faudrait penser à étendre le cryptage pour couvrir la totalité des processus de collecte des données, de traitement et de stockage.

Vu les exigences sur la sécurité de l'information et la continuité, les DPD doivent être plus que des experts juridiques – ils doivent disposer d'un amalgame de qualifications qui leur permettent de gérer efficacement les obligations juridiques, ainsi que l'obligation opérationnelle pour démontrer des mesures organisationnelles et administratives appropriées.

En matière de normes de cryptage, il serait bon de suivre les meilleures pratiques et de rechercher uniquement les solutions conformes à FIPS 140. FIPS 140 est la norme fédérale de traitement des informations (Federal Information Processing Standard) établie par les gouvernements des États-Unis et du Canada qui énonce les exigences de la cryptographie (qui n'est pas une méthode de cryptage en elle-même) ; en fait, dans de nombreux cas, l'obligation juridique veut que tous les modules cryptographiques soient conformes à FIPS 140. Dans cette optique, si vous veillez à ce que vos solutions soient conformes à cette norme, non seulement les données à caractère personnel seront en ligne avec les exigences du règlement, mais cela vous permettra aussi d'avoir accès à de nouveaux marchés ou de nouveaux clients.

Il serait également bon de considérer que le cryptage ne devrait pas seulement s'appliquer au stockage des données personnelles, mais aurait aussi une certaine valeur (ou serait nécessaire) pour établir des connexions sécurisées lors de la transmission de données à caractère personnel. Les experts de cryptage seront indubitablement conscients que le protocole sécurisé de cryptage SSL (Secure Sockets Layer) n'est plus considéré comme fiable et que le protocole TLS (Transport Layer

Security) 1.2 ou supérieur est effectivement la nouvelle option minimale pour ces connexions.

Transferts internationaux

Le RGPD traite spécifiquement de situations où un responsable du traitement ou un sous-traitant a l'intention de transférer des données à caractère personnel hors de l'UE. De tels transferts internationaux ne sont licites que s'ils sont conformes aux conditions énoncées au Chapitre V du RGPD, conçues pour garantir que les protections offertes aux résidents de l'UE ne soient pas affectées par le transfert. Ces conditions exigent que des protections spécifiques soient mises en place, et à la condition que les droits des personnes concernées et des recours juridictionnels efficaces soient disponibles. Ceci est comparable à la fonction des exigences antérieures de la Directive sur la protection des données, selon laquelle des informations pouvaient être transférées dans d'autres pays tant que ces pays avaient des lois sur la protection de données et des mesures en place comparables.

Tel que mentionné précédemment, l'ancien cadre US-EU Safe Harbor a été déclaré nul en 2015. Dans ce cadre-là, les organisations aux États-Unis pouvaient attester qu'elles avaient adhéré à sept principes et 15 questions posées fréquemment pour répondre aux exigences de la Directive sur la protection des données, qui les certifiaient alors dans ce cadre, leur donnant un accès sans entrave au marché européen en tant que sous-traitant. Avec la disparition de ce cadre, il restait une sorte de vide.

Just avant l'approbation du RGPD par les organes gouvernementaux de l'UE, un nouvel accord a été signé entre l'UE et les États-Unis : le EU-US Privacy Shield (protection de la vie privée). Toutes les données à caractère personnel échangées sous les auspices de cet accord seront aussi gouvernées par le RGPD.

En tant que mesure supplémentaire comparable au Privacy Shield, la Commission Européenne reconnaîtra peut-être certains pays ou des organisations internationales comme des fournisseurs d'une protection équivalente des données à caractère personnel. Une liste de ces pays et organisations sera publiée et maintenue, y compris la notation lorsque la reconnaissance a été retirée. Les responsables du traitement et les sous-traitants seront en mesure de transférer des données personnelles dans ces pays et organisations sans autorisation supplémentaire ou sans garantie au-delà de celles qui sont normalement requises par le RGPD.

Règles d'entreprise contraignantes

A part ces transferts vers des entités ou des pays autorisés, les transferts internationaux ne peuvent avoir lieu que si le responsable du traitement ou le sous-traitant a mis en place des dispositions légalement contraignantes et exécutoires afin de protéger les droits des personnes concernées de l'UE. Les règles d'entreprise contraignantes modèles approuvées par l'autorité de contrôle peuvent être ce moyen-là. Elles n'ont pas encore été développées mais on peut raisonnablement présumer qu'une déclaration quelconque sera émise sur le sujet avant l'exécution du RGDP en 2018. On peut raisonnablement s'attendre à ce que ces règles ne soient pas très différentes des règles qui ont déjà été mises en place, [34] bien qu'elles doivent prendre en compte les droits plus récents des personnes concernées, y compris le droit à l'oubli.

En attendant, il n'est pas utile d'attendre la mise en place de règles d'entreprise contraignantes modèles pour être conforme ; vous n'êtes même pas dans l'obligation de les utiliser

[34] L'ICO britannique dispose de recommandations sur les règles d'entreprise contraignantes qui sont valables en vertu du même régime. Comme celles-ci seront vraisemblablement comparables, ceci pourrait s'avérer une ressource intéressante. *https://ico.org.uk/for-organisations/guide-to-data-protection/binding-corporate-rules/*.

lorsqu'elles seront disponibles. Toute organisation peut développer ses propres règles d'entreprise contraignantes pour sécuriser ses données à caractère personnel lorsqu'elles sont transférées dans un autre pays. Cependant le règlement est très clair sur ce que doivent garantir ces règles et vous devrez donc consulter l'article 47 du règlement et toutes les règles que vous développerez devront être approuvées par l'autorité de contrôle.

Le RGPD indique que les codes de conduite et les certifications aux normes internationales sont des moyens par lesquels les responsables du traitement et les sous-traitants peuvent identifier les organisations qui fourniront des garanties appropriées. En fait, le règlement encourage les autorités de contrôle à rédiger des codes de conduite et à promouvoir l'utilisation des certifications de protection des données.[35]

Alors que le responsable du traitement et le sous-traitant sont responsables des données à caractère personnel qu'ils traitent, tout accord de transfert de données à un tiers, hors des dispositions identifiées par le RGPD sera considéré comme illicite. Ceci est particulièrement important quand il s'agit de considérer des fournisseurs Cloud.

Veuillez noter que les violations d'articles concernant les transferts internationaux font l'objet de sanction administrative du plus haut degré.

Considérations complémentaires

En plus du RGPD, un certain nombre d'autres changements produisent des ralentissements ou connaissent d'autres processus juridiques. Alors qu'ils ne sont pas si exhaustifs ni soutenus par autant de force, le fait de respecter les exigences au

---

[35] RGPD UE, Article 57 (1).

fur et à mesure qu'elles surgissent fait partie de toute approche sensée pour travailler à la conformité.

Changements sur la « loi des Cookies »

La « loi des Cookies » – dont le vrai nom est Directive sur les communications électroniques et la vie privée ou la Directive de la E-vie privée – a été controversée quand elle est entrée en vigueur en 2011 et elle le reste toujours. Alors que certaines autorités ont assoupli leurs déclarations initiales sur l'application des exigences (en général en s'éloignant des mesures de menaces d'actions pour simplement offrir des conseils et contacter occasionnellement les organisations qui ne font absolument aucun effort[36]), il existe encore une foule de sites internet qui reprochent à la Directive d'être inefficace, horripilante et ridicule.

Le RGPD même mentionne les cookies seulement une seule fois (au considérant 30), mais il le fait pour clarifier qu'un cookie pourrait être interprété comme un identifiant en ligne, ce qui signifie qu'il rentre dans la catégorie des données à caractère personnel et donc que la personne concernée doit donner son consentement. Ceci affirme clairement que toutes les notifications sur les cookies devront suivre les règles normales du consentement et, en forçant les autorités de contrôle à agir lorsque la non-conformité est découverte. Ceci ne plaira pas aux

---

[36] L'ICO britannique par exemple, contacte désormais simplement les organisations contre lesquelles des personnes ont porté plainte, typiquement parce que les cookies utilisés rassemblent trop de données ou enfreignent d'autres lois de protection des données. À partir de mai 2016, l'ICO note qu'il a écrit à 371organisations depuis octobre 2012, et il n'y a aucune indication que d'autres actions en justice ont été entreprises. *https://ico.org.uk/action-weve-taken/cookies/*.

personnes qui ont fait des campagnes de protestation contre la première loi des Cookies (et qui continuent à le faire).

En attendant, la Commission Européenne a annoncé dans son programme de travail de 2016, qu'elle allait évaluer la Directive de la E-vie privée. Ceci comprendra vraisemblablement quelques ajustements, en particulier la définition des exceptions au consentement : actuellement dans le cadre de la Directive de la E-vie privée et du RGPD, le consentement n'est pas nécessaire dans certaines conditions. Selon le règlement, par exemple, le traitement de données à caractère personnel est licite si :

> le traitement est nécessaire à l'exécution d'un contrat auquel la personne concernée est partie ou à l'exécution de mesures précontractuelles prises à la demande de celle-ci;[37]

Cette exception permet aux entreprises de e-commerce par exemple d'appliquer un cookie pour rechercher les achats d'une personne avant qu'elle ne choisisse de les acheter réellement – ce traitement est une démarche nécessaire qui mène à un contrat dans lequel la personne concernée va entrer (et fournissant le consentement requis à ce stade-là).

Alors qu'il est possible que les cookies doivent dans l'avenir être annoncés et consentis d'une manière plus rigoureuse, il est également possible que des utilisations spécifiques restent non affectées.

Adresses IP

De la même manière que le règlement affirme que les cookies sont des données à caractère personnel, il déclare la même chose pour les adresses IP. Pour ceux qui font des campagnes pour protéger la vie privée, ceci est un problème. D'un côté le règlement tente de protéger cette information qui pourrait être

[37] RGPD UE, Article 6 (1) (b).

utilisée pour identifier quelqu'un, mais d'un autre côté il semble affirmer qu'une adresse IP pourrait être interprétée comme indiquant un lieu géographique particulier. Dans des procès antérieurs, il a été reconnu que ceci est une mauvaise interprétation de la manière dont laquelle les adresses IP fonctionnent, et plusieurs cas qui se sont fixés sur l'identification d'individus par le biais d'adresses IP ont été rejetés sur la base qu'une adresse IP ne peut pas prouver, soit quelle est la personne qui utilisait l'appareil à ce moment-là donné, soit dans de nombreux cas, où cette personne se trouvait exactement.

Au moment où j'écris ce livre, un cas est actuellement disputé en Allemagne, dans lequel pour des raisons de vie privée, les fournisseurs de sites internet et d'applications ne devraient pas stocker des adresses IP dynamiques plus longtemps qu'il ne le faut pour transmettre un contenu. Le Procureur général allemand argumente également que les adresses IP devraient être considérées comme des données à caractère personnel et qu'elles ne devraient donc pas être utilisées pour autre chose que pour une simple transmission de contenu. Alors que les procédures juridiques de cette affaire continuent, et qu'il y aura certainement réexamen avant que le règlement rentre en vigueur, ceci tend à indiquer que les organisations qui utilisent les adresses IP pour faire autre chose que de la transmission de contenu, devront trouver de nouvelles méthodes pour le faire, ou bien s'assurer que le consentement soit recherché et obtenu.

On peut également raisonnablement s'attendre à ce que d'autres aspects des données à caractère personnel soient disputés dans des Cours de justice au sein de l'Union Européenne, et que l'envergure complète des « données à caractère personnel » va évoluer avec le temps en conséquence.

La directive UE sur la sécurité des réseaux et de l'information

La directive UE sur la sécurité des réseaux et de l'information a également maintenant été approuvée officiellement. En tant que Directive, elle a donc moins de poids que le RGPD et elle vise à établir les fonctionnalités de la cyber-sécurité au niveau national qui auront un impact sur les entreprises ordinaires et autres organisations.

Alors que le RGPD cherche à protéger les données à caractère personnel et les droits de la personne concernée, la Directive UE sur la sécurité des réseaux et de l'information cherche à établir une « autorité compétente » pour la cyber-sécurité dans chaque État membre. Ces autorités seront responsables de veiller à ce que l'infrastructure nationale soit protégée des menaces de cyber sécurité et à ce que le citoyen moyen puisse avoir un certain niveau de confiance dans les technologies qu'il utilise quotidiennement. En plus de ceci, une infrastructure nationale plus sécurisée est envisagée comme ayant un impact économique positif car la stabilité et la fiabilité des services faciliteront la concurrence sur un marché numérique unique.

En ce qui concerne les organisations ordinaires, il semble que la Directive UE aura peu d'impact direct sur elles. Cependant ce n'est pas le cas car ceci établira alors une autre autorité à laquelle il faudra signaler les menaces et les incidents. Puisqu'il est probable que « l'autorité de contrôle » finira par être une filiale des services de sécurité, ceci pourrait entraîner également un certain degré de censure concernant les détails des violations de données. Ceci pourrait être à son tour une violation du règlement. Chaque État membre devra décider sur cet aspect en temps voulu et ceci ne sera certainement pas sans problèmes.

CHAPITRE 4: LA CONFORMITE AU REGLEMENT

Il existe clairement un certain nombre de points importants à observer dans votre approche sur la conformité au RGPD. Beaucoup d'entre eux seront résolus assez vite et assez simplement, au moins à l'initiative d'un tiers ou d'un délégué à la protection des données. Certains points nécessitent beaucoup de travail ou d'expertise bien spécialisée. Cette partie du livre couvrira les questions qui sont difficiles à observer et offrira des conseils pour rester du côté de la loi.

Il est extrêmement important de se rappeler que vous devez être conforme dès le moment de la mise en vigueur du règlement, en mai 2018. Il reste encore du temps avant cette date, mais il serait sage de déterminer quelles sont les actions à effectuer le plus vite possible afin de planifier correctement et de garantir que tout soit prêt à temps. Il serait vraiment dommage si vous comptiez parmi les premières organisations qui seront frappées d'une sanction administrative en vertu du règlement.

Répercussions

Je l'ai déjà mentionné plusieurs fois mais il vaut la peine de répéter que les amendes imposables les plus lourdes sont considérables. Pour certaines violations au règlement, vous pouvez être pénalisé jusqu'à 20 millions d'euros ou quatre pour cent du chiffre d'affaires annuel mondial, et le chiffre plus élevé sera retenu. Notez que quatre pour cent s'applique au chiffre d'affaire et non au bénéfice, et au chiffre d'affaire annuel mondial de l'organisation, donc pour les organisations importantes il pourrait s'agir de beaucoup plus que 20 millions d'euros et pour un certain nombre de sociétés le chiffre pourrait approcher ou dépasser un milliard d'euros.

A noter également que certaines organisations qui ne sont pas engagées dans le traitement de données peuvent également faire face à des répercussions juridiques. Par exemple, des organismes de certification engagés dans des programmes de certification conformément au règlement, peuvent être passibles d'amendes si l'on découvre qu'ils réduisent leurs responsabilités. Ainsi, il est possible qu'une violation de données unique affecte un grand nombre d'organisations – le responsable du traitement, un nombre quelconque de sous-traitants impliqués dans la violation de données et l'organisme de certification qui a approuvé le traitement de données.

Puisque ces amendes administratives peuvent être imposées si largement, il est très important de comprendre vos propres obligations et votre propre exposition. Vous devriez être certain de consulter un expert juridique si vous vous inquiétez de n'être peut-être pas en conformité avec la loi.

Il est également important de se rappeler que ces sanctions s'ajoutent à d'autres amendes ou frais légaux qui pourraient vous incomber suite à une violation de données. Alors que les amendes imposées par d'autres régulateurs ne vont certainement pas égaler les coûts réservés par le RGPD, les effets conjugués d'autres mesures punitives pourraient être significatifs. Par exemple, le fait de ne pas remplir les exigences de PCI DSS pourrait entraîner la perte de la capacité à prendre des paiements par carte, des litiges civils devant un tribunal pourraient donner lieu à des amendes supplémentaires et le dommage sur votre réputation risquerait de vous priver de votre clientèle et de vos fournisseurs.

Le fait de veiller à ce que votre organisation encourage la conformité au règlement à partir du plus haut niveau est crucial dans le respect de vos obligations – il serait difficile de mettre en œuvre toutes les mesures nécessaires sans ce niveau de soutien. À cet effet, toute personne responsable d'appliquer la conformité devra commencer par communiquer ceci clairement à l'équipe de direction de son organisation et s'assurer que ceci est bien compris. Insister sur la sévérité des mesures punitives devrait attirer leur attention.

Comprendre vos données : où elles se trouvent et comment elles sont utilisées

Le RGPD s'intéresse aux données à caractère personnel existantes ainsi que la manière dont ces données sont traitées, transmises et stockées dans l'avenir. Le premier pas vers la conformité pour la plupart des organisations sera donc un audit de données, pour identifier ce qu'elles ont déjà, avec qui les données ont été partagées et où elles sont maintenant détenues, et pour déterminer les actions à suivre concernant ces données pour rester en conformité avec le RGPD.

Ce processus d'audit de données inclura forcément un réexamen des traitements existants de collecte de données à caractère personnel, en s'assurant qu'il existe des entreprises clairement identifiées et des fondements juridiques pour cette collecte et que tous les traitements relatifs soient conformes au nouveau règlement. Selon la nature de votre entreprise, ceci peut être un exercice assez large qui montre le point d'entrée et de sortie, là où les données à caractère personnel sortent vers un sous-traitant, puis le résultat traité qui revient (en assumant que les résultats du traitement incluent des données à caractère personnel). Vous devrez également être assez clair sur les actifs informationnels qui constituent en fait des données à caractère personnel – les photographies, par exemple, peuvent être utilisées pour l'identification d'un individu et seront donc presque toujours considérées comme des données à caractère personnel.

Vous devez également tenir compte du lieu où les données résident physiquement. Par exemple, si vous utilisez une solution Cloud, vous devez savoir où est basé votre fournisseur Cloud et s'il n'est pas dans l'UE, s'il peut fournir les assurances suffisantes selon lesquelles il respecte les exigences du règlement (y compris surtout les protections juridiques pour les personnes concernées et la présence de recours juridictionnels efficaces). De même, assurez-vous de noter tout registre physique de données à caractère personnel que vous garderez peut-être, y compris les registres RH, les registres historiques (en assumant que les personnes concernées sont toujours en vie), etc.

Il serait judicieux d'effectuer une analyse d'impact sur la protection des données relative aux informations déjà collectées en plus de toute analyse d'impact sur la protection des données nécessaire à des traitements futurs. Ceci devrait mettre en lumière toute faiblesse se trouvant dans vos opérations actuelles et qui devrait être résolue avant l'entrée en vigueur du règlement en 2018.

Pièces justificatives

Le règlement exige bon nombre de documents. En plus des exigences explicites et implicites pour les registres particuliers (surtout y compris la preuve du consentement des personnes concernées), vous devez vous assurer que vous avez documenté vos pratiques de conformité du RGPD afin d'avoir des preuves à l'appui de vos affirmations, au cas où l'autorité de contrôle ait des raisons de faire une enquête sur vous. Si par exemple, il s'agit d'une violation de données, et vous pouvez démontrer que vous avez appliqué d'une manière cohérente la meilleure pratique, que vous avez la trace d'un audit qui montre que vous avez avisé toute personne concernée affectée, de surcroît dans les délais requis, et que vous avez effectué toutes les démarches appropriées pour mitiger les impacts de la violation de données, les risques d'être frappé d'une amende écrasante seront réduits.

Les exigences des pièces justificatives à fournir sont différentes selon s'il s'agit d'un responsable du traitement ou d'un sous-traitant, toutefois la responsabilité d'avoir des documents corrects repose généralement sur le responsable du traitement car il devra probablement supporter les conséquences, que ce soit la faute de l'un ou de l'autre. Si vous êtes un responsable du traitement et vous avez externalisé un certain nombre de fonctions de traitement, il vous sera utile d'avoir les assurances que ces fonctions sont correctement documentées.

Les documents suivants sont particulièrement importants, bien que comme il est dit ci-dessus ceci varie entre les responsables du traitement et les sous-traitants :

- Déclarations relatives aux informations que vous collectez et traitez, et l'objectif du traitement[38]
- Documents du consentement auprès des personnes concernées ou des titulaires de la responsabilité parentale[39]
- Documents de traitement des activités sous votre responsabilité[40]
- Traitements documentés pour la protection des données à caractère personnel – une politique sur la sécurité de l'information, la politique de la cryptographie et les procédures, etc.

Mesures techniques et organisationnelles appropriées, et ISO/IEC 27001

L'article 24 énonce que les responsables du traitement doivent mettre en œuvre « des mesures techniques et organisationnelles appropriées, pour s'assurer et être en mesure de démontrer que le traitement est effectué conformément au présent règlement ». Cet article affirme clairement que ces mesures doivent inclure la mise en œuvre de politiques appropriées en matière de protection des données. Il affirme aussi essentiellement que les responsables du traitement peuvent se servir de codes de conduite ou de mécanismes de certification approuvés « comme

[38] Critères règlementaires complets dans le RGPD UE, Article 13.
[39] Critères règlementaires complets dans le RGPD UE, Articles 7 et 8.
[40] Critères règlementaires complets dans le RGPD UE, Article 30.

un élément pour démontrer le respect des obligations incombant au responsable du traitement ».[41]

Alors que les autorités de contrôle développeront probablement leurs propres programmes et sceaux d'approbation et admettront certaines normes pouvant satisfaire les critères principaux du RGPD (comme il est mentionné ci-après), la réalisation de la certification à un niveau de sécurité de l'information largement reconnu permettra non seulement de respecter les obligations mais apportera aussi une bonne base à l'acquisition de toute certification ou obligation nécessaire qui pourrait apparaitre à l'avenir.

Un système de management de la sécurité de l'information (SMSI) ISO/IEC 27001 devrait être le point de départ pour les organisations qui cherchent à s'assurer qu'elles peuvent démontrer « des mesures techniques et organisationnelles appropriées » concernant leurs obligations envers le RGPD. L'approche basée sur le risque d'ISO27001 de sélection des contrôles de sécurité de l'information est reflétée dans l'exigence du RGPD envers les responsables du traitement et les sous-traitants de mettre en œuvre des contrôles techniques et organisationnels appropriés, sur la base de et proportionnellement au risque identifié pour :

- assurer la continuation de la confidentialité, de l'intégrité, de la disponibilité et de la résistance des systèmes et services de traitement ;
- assurer la sécurité des données à caractère personnel ; et
- assurer la capacité à rétablir la disponibilité à la suite d'un incident.

Ils devraient également avoir un processus de tests, d'analyses et de réexamens réguliers de l'efficacité des mesures sélectionnées. Comme ISO/IEC 27001 est la seule norme de

[41] RGPD UE, Article 24 (3).

sécurité des données, indépendante, reconnue à un niveau international et qui dispose d'un mécanisme de certification largement accepté, il semble logique qu'ISO27001 – avec ses dispositions incorporées et appropriées de continuité commerciale – soit fondamentale aux stratégies de conformité organisationnelles du RGPD.

Le fait qu'ISO27001 soit aussi le système de management par défaut pour la protection des organisations contre la cybercriminalité, multiplie ses avantages. Alors que la cybercriminalité n'est pas directement abordée dans le règlement, elle devient de plus en plus une cause commune de violation de données et elle est régulièrement associée aux violations les plus importantes et les plus nuisibles.

La mise en œuvre d'un SMSI ISO27001 implique un cadre global de processus, de personnes et de technologies aux fins de sécuriser l'information. Elle devrait apporter des solutions aux contextes interne et externe de l'organisation – tels que les obligations du RGPD – et les besoins des parties intéressées – qui incluent bien sûr les personnes concernées. Une fois établi, le SMSI devrait systématiquement réduire les risques de la sécurité de l'information sur une base continue et évolutive par un processus d'autodiagnostic et de remise en état. Essentiellement, les mesures que vous mettez en œuvre pour sécuriser l'information sont prises sur la base d'une évaluation des risques minutieuse qui identifie les menaces et les vulnérabilités qui affectent les actifs informationnels de l'organisation (comprenant certainement toute donnée à caractère personnel ou traitement de données).

Alors qu'un SMSI peut prendre du temps pour se développer et mûrir, il constitue une excellente première démarche qui démontre que vous prenez la protection des données au sérieux et les coûts de mise en œuvre seront souvent compensés par des améliorations d'efficacité et une position améliorée sur le marché.

Toute marque de confiance appropriée devrait être intégrée dans le SMSI au fur et à mesure de leur disponibilité.

Normes, programmes et sceaux d'approbation

Le respect de la norme internationale sur la sécurité de l'information ISO/IEC 27001 aidera les organisations à démontrer qu'elles se sont efforcées de respecter les obligations du RGPD.

Le règlement suggère que les certifications et programmes approuvés vont être créés et peut-être développés au niveau local (par les autorités de contrôle par exemple) ou dans l'ensemble de l'UE (par la Commission ou le Comité européen de la protection des données par exemple) pour prouver la conformité avec un ensemble de pratiques qui répond aux exigences du RGPD. Un ou plusieurs programmes conçus pour offrir une certification spécifique au RGPD émergera vraisemblablement mais il faudra du temps pour obtenir plus de clarté à ce niveau-là.

Il est également possible qu'une forme de sceau d'approbation soit développée, ressemblant à l'audit SOC 3 (mais on l'espère à un prix plus abordable). En attendant, les organisations devraient certainement adapter un système de management existant ISO27001, ou commencer à travailler vers ISO27001 en mettant fortement l'accent sur le RGPD, peut-être avec ISO/IEC 27018 (Code de Practice pour la protection des données à caractère personnel dans le Cloud) inclus dans l'envergure. Certains organismes effectuent déjà des audits qui comprennent ISO/IEC 27018 l'envergure du système de management.

Sécuriser les relations des prestataires

L'audit des données décrit ci-dessus vous aidera à identifier quelles relations de prestataires doivent être constituées pour le règlement à cause du mouvement de données à caractère personnel entre vous.

Le résultat le plus évident sera le réexamen de vos différents contrats avec des tiers. Assurez-vous que vos contrats au niveau des services et que les processus d'acquisition et d'externalisation soient réexaminés et en ligne avec les obligations du RGPD. Ceci est particulièrement important si vous êtes le responsable du traitement dans la relation, car vous serez tout aussi responsable d'une violation que le prestataire qui n'a pas pu préserver la protection des données. Ceci devrait également inclure des limitations sur l'utilisation des processeurs plus loin dans la chaîne d'approvisionnement afin d'assurer la sécurité des données à caractère personnel à chaque étape du traitement.

Vous devrez également vérifier vos prestataires de services Cloud, de serveurs à distance, etc. Bien qu'il s'agisse de services à distance, ils sont souvent intégrés dans les pratiques d'entreprise de l'organisation comme s'ils étaient gérés localement ; il est donc facile de les oublier. Comme il est noté ci-dessus, vous devriez vous assurer que ces prestataires de service soient ou bien dans l'UE, ou que vous soyez en mesure de préserver la relation par le Privacy Shield ou règles d'entreprise contraignantes. Si vous ne pouvez obtenir ces assurances, ou il est difficile de faire approuver le prestataire de service en vertu du règlement, vous devrez agir vite pour sécuriser un prestataire plus local et plus fiable.

En plus de s'assurer que les organisations avec lesquelles vous travaillez sont en conformité avec le règlement, vous devez également garantir que tout transfert de données soit sécurisé. Ceci est un facteur plus pratique à considérer (utilisation de cryptage, etc.), mais il faudrait également en convenir avec le prestataire et l'inclure dans les contrats et les accords de prestation de services.

CHAPITRE 5 : INDEX DU REGLEMENT

Chapitre I – Dispositions générales

1. Objet et objectifs
2. Champ d'application matériel
3. Champ d'application territorial
4. Définitions

Chapitre II – Principes

5. Principes relatifs au traitement des données à caractère personnel
6. Licéité du traitement
7. Conditions applicables au consentement
8. Conditions applicables au consentement de l'enfant en ce qui concerne les services de la société de l'information
9. Traitement portant sur des catégories particulières de données à caractère personnel
10. Traitement des données à caractère personnel relatives aux condamnations pénales et aux infractions
11. Traitement ne nécessitant pas l'identification

Chapitre III – Droits de la personne concernée

Section 1 – Transparence et modalités

12. Transparence des informations et des communications et modalités de l'exercice des droits de la personne concernée

Section 2 – Information et accès aux données à caractère personnel

13. Informations à fournir lorsque des données à caractère personnel sont collectées auprès de la personne concernée

14. Informations à fournir lorsque des données à caractère personnel n'ont pas été collectées auprès de la personne concernée
15. Droit d'accès de la personne concernée

Section 3 – Rectification et effacement

16. Droit de rectification
17. Droit à l'effacement (« droit à l'oubli »)
18. Droit à la limitation du traitement
19. Obligation de notification en ce qui concerne la rectification ou l'effacement de données à caractère personnel ou la limitation du traitement
20. Droit à la portabilité des données

Section 4 – Droit d'opposition et prise de décision individuelle automatisée

21. Droit d'opposition
22. Décision individuelle automatisée, y compris le profilage

Section 5 – Limitations

23. Limitations

Chapitre IV – Responsable du traitement et sous-traitant

Section 1 – Obligations générales

24. Responsabilité du responsable du traitement
25. Protection des données dès la conception et protection des données par défaut
26. Responsables conjoints du traitement
27. Représentants des responsables du traitement ou des sous-traitants qui ne sont pas établis dans l'Union
28. Sous-traitant
29. Traitement effectué sous l'autorité du responsable du traitement ou du sous-traitant
30. Registre des activités de traitement
31. Coopération avec l'autorité de contrôle

Section 2 – Sécurité des données à caractère personnel

32. Sécurité du traitement
33. Notification à l'autorité de contrôle d'une violation de données à caractère personnel
34. Communication à la personne concernée d'une violation de données à caractère personnel

Section 3 – Analyse d'impact relative à la protection des données et consultation préalable

35. Analyse d'impact relative à la protection des données
36. Consultation préalable

Section 4 – Délégué à la protection des données

37. Désignation du délégué à la protection des données
38. Fonction du délégué à la protection des données
39. Missions du délégué à la protection des données

Section 5 – Codes de conduite et certification

40. Codes de conduite
41. Suivis des codes de conduite approuvés
42. Certification
43. Organismes de certification

Chapitre V – Transferts de données à caractère personnel vers des pays tiers ou à des organisations internationales

44. Principe général applicable aux transferts
45. Transferts fondés sur une décision d'adéquation
46. Transferts moyennant des garanties appropriées
47. Règles d'entreprise contraignantes
48. Transferts ou divulgations non autorisés par le droit de l'Union
49. Dérogations pour des situations particulières
50. Coopération internationale dans le domaine de la protection des données à caractère personnel

Chapitre VI – Autorités de contrôle indépendantes

Section 1 – Statut d'indépendance

51. Autorité de contrôle
52. Indépendance
53. Conditions générales applicables aux membres de l'autorité de contrôle
54. Règles relatives à l'établissement de l'autorité de contrôle

Section 2 – Compétence, missions et pouvoirs

55. Compétence
56. Compétence de l'autorité de contrôle chef de file
57. Missions
58. Pouvoirs
59. Rapport d'activité

Chapitre VII – Coopération and cohérence

Section 1 - Coopération

60. Coopération entre l'autorité de contrôle chef de file et les autres autorités de contrôle concernées
61. Assistance mutuelle
62. Opérations conjointes des autorités de contrôle

Section 2 – Cohérence

63. Mécanisme de contrôle de la cohérence
64. Avis du comité
65. Règlement des litiges par le comité
66. Procédure d'urgence
67. Echange d'informations

Section 3 – Comité européen de la protection des données

68. Comité européen de la protection des données
69. Indépendance

70. Missions du comité
71. Rapports
72. Procédure
73. Président
74. Missions du président
75. Secrétariat
76. Confidentialité

Chapitre VIII – Voies de recours, responsabilité et sanctions

77. Droit d'introduire une réclamation auprès d'une autorité de contrôle
78. Droit à un recours juridictionnel effectif contre une autorité de contrôle
79. Droit à un recours juridictionnel effectif contre un responsable du traitement ou un sous-traitant
80. Représentation des personnes concernées
81. Suspension d'une action
82. Droit à réparation et responsabilité
83. Conditions générales pour imposer des amendes administratives
84. Sanctions

Chapitre IX – Dispositions relatives à des situations particulières de traitement

85. Traitement et liberté d'expression et d'information
86. Traitement et accès du public aux documents officiels
87. Traitement du numéro d'identification national
88. Traitement de données dans le cadre des relations de travail
89. Garanties et dérogations applicables au traitement à des fins archivistiques dans l'intérêt public, à des fins de recherche scientifique ou historiques ou à des fins statistiques
90. Obligations de secret
91. Règles existantes des églises et associations religieuses en matière de protection des données

Chapitre X – Actes délégués et actes d'exécution

92. Exercice de la délégation
93. Comité - Procédure

Chapitre XI – Dispositions finales

94. Abrogation de la directive 95/46/EC
95. Relation avec la directive 2002/58/EC
96. Relation avec les accords conclus antérieurement
97. Rapports de la commission
98. Réexamen d'autres actes juridiques de l'Union relatifs à la protection des données
99. Entrée en vigueur et application

ANNEXE 1 : AUTORITES NATIONALES EN MATIERE DE PROTECTION DES DONNEES

Country	National Data Protection Authority	Website
United Kingdom	The Information Commissioner's Office	https://ico.org.uk
Austria	Österreichische Datenschutzbehörde	http://www.dsb.gv.at/
Belgium	Commission de la protection de la vie privée	http://www.privacycommission.be/
Bulgaria	Commission for Personal Data Protection	http://www.cpdp.bg/
Croatia	Croatian Personal Data Protection Agency	http://www.azop.hr/
Cyprus	Commissioner for Personal Data Protection	http://www.dataprotection.gov.cy/
Czech Republic	The Office for Personal Data Protection	http://www.uoou.cz/
Denmark	Datatilsynet	http://www.datatilsynet.dk/
Estonia	Estonian Data Protection Inspectorate (Andmekaitse Inspektsioon)	http://www.aki.ee/en
Finland	Office of the Data Protection Ombudsman	http://www.tietosuoja.fi/en/
France	Commission Nationale de l'Informatique et des Libertés - CNIL	http://www.cnil.fr/
Germany	Der Bundesbeauftragte für den Datenschutz und die Informationsfreiheit	http://www.bfdi.bund.de/
Greece	Hellenic Data Protection Authority	http://www.dpa.gr/
Hungary	Data Protection Commissioner of Hungary	http://www.naih.hu/
Iceland	Icelandic Data Protection Agency	http://personuvernd.is/
Ireland	Data Protection Commissioner	http://www.dataprotection.ie/
Italy	Garante per la protezione dei dati personali	http://www.garanteprivacy.it/
Latvia	Data State Inspectorate	http://www.dvi.gov.lv/
Liechtenstein	Data Protection Office	http://www.dss.llv.li/
Lithuania	State Data Protection	http://www.ada.lt/
Luxembourg	Commission Nationale pour la Protection des Données	http://www.cnpd.lu/
Malta	Office of the Data Protection Commissioner	http://www.dataprotection.gov.mt/
Netherlands	Autoriteit Persoonsgegevens	https://autoriteitpersoonsgegevens.nl/nl
Norway	Datatilsynet	http://www.datatilsynet.no/
Poland	The Bureau of the Inspector General for the Protection of Personal Data - GIODO	http://www.giodo.gov.pl/
Portugal	Comissão Nacional de Protecção de Dados - CNPD	http://www.cnpd.pt/
Romania	The National Supervisory Authority for Personal Data Processing	http://www.dataprotection.ro/
Slovakia	Office for Personal Data Protection of the Slovak Republic	http://www.dataprotection.gov.sk/
Slovenia	Information Commissioner	https://www.ip-rs.si/
Spain	Agencia de Protección de Datos	https://www.agpd.es/
Sweden	Datainspektionen	http://www.datainspektionen.se/
Switzerland	Data Protection and Information Commissioner of Switzerland	http://www.edoeb.admin.ch/
European Union	European Data Protection Supervisor	http://www.edps.europa.eu/EDPSWEB/

ANNEXE 2 : LES RESSOURCES DU RGPD UE

IT Governance dispose d'un certain nombre de ressources permettant de rendre la conformité au RGPD moins douloureuse, ou du moins beaucoup plus simple. Il existe toute une gamme de livres, comme celui que vous lisez en ce moment (mais en général plus détaillés), des outils de documentation et des cours de formation, en passant par des audits de données et une variété d'options de conseils professionnels.

Cours fondamental, Formation en ligne Certifié RGPD UE

Cette formation générale vous offrira une introduction solide au RGPD et une compréhension pratique des implications et des obligations juridiques du règlement, couronnée pour finir par une certification officielle du Conseil International des diplômes de la gouvernance informatique (International Board of IT Governance Qualifications (IBITGQ)).

www.itgovernance.eu/shop/product/certified-eu-general-data-protection-regulation-foundation-gdpr-online-training-course

Cours pour professionnels, Formation en ligne Certifié RGPD UE

Ce cours permettra aux délégués d'assumer la fonction de délégué à la protection des données (DPD) dans le cadre du RGPD et étudiera le règlement en profondeur, y compris les exigences de mise en œuvre, les politiques et processus nécessaires, et d'importants éléments de gestion efficace de la sécurité des données.

www.itgovernance.eu/shop/product/certified-eu-general-data-protection-regulation-practitioner-gdpr-online-training-course

L'outil de documentation RGPD EU

Un ensemble complet de politiques et de procédures qui permettront à votre organisation de respecter les exigences du RGPD UE, ces modèles sont complètement personnalisables et permettent d'alléger considérablement la tâche de constitution du dossier des pièces nécessaires à la conformité juridique.

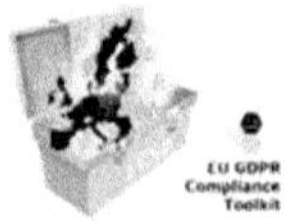

www.itgovernance.eu/shop/product/eu-general-data-protection-regulation-gdpr-documentation-toolkit

Formation d'analyses d'impact sur la vie privée

Ce cours d'une journée est conçu pour offrir aux délégués la connaissance pratique nécessaire pour effectuer une analyse d'impact sur la vie privée (privacy impact assessment (PIA) et aider leurs organisations à identifier la méthode plus efficace pour remplir leurs obligations de protection des données.

www.itgovernance.co.uk/shop/product/privacy-impact-assessment-pia-workshop

Règlement général sur la protection des données (RGPD) – Un guide de mise en œuvre et de conformité

Ce manuel fournit des informations détaillées sur le RGPD UE et offre des conseils d'ordre pratique de mise en œuvre concernant la création et la gestion d'un programme sur la vie privée.

www.itgovernance.eu/shop/product/eu-general-data-protection-regulation-gdpr-an-implementation-and-compliance-guide

RGPD UE audit de circulation des données

Les organisations devraient avoir une idée claire des données à caractère personnel, leur maintien, leur origine et avec qui les partager. Un audit des données constitue une partie importante du régime de la conformité de la protection des données.

www.itgovernance.eu/shop/product/gdpr-data-flow-audit

LES RESSOURCES D'ITG

IT Governance est un chef de file mondial dans la fourniture de gouvernance informatique, de gestion des risques et de solutions de conformité, et plus particulièrement sur la cyber-résistance, la protection des données, PCI DSS, ISO 27001 et la cyber-sécurité.

Dans un monde des affaires de plus en plus punitif et centré sur la vie privée, nous sommes engagés à aider les entreprises à se protéger et à protéger leurs clients de la gamme des cyber-menaces en constante évolution. Notre expertise approfondie de l'industrie et notre approche pragmatique aident nos clients à élaborer leurs défenses et à prendre des décisions stratégiques majeures qui sont bénéfiques à l'ensemble de leur activité. Notre capacité à vous fournir tout ce dont vous avez besoin est unique, des normes aux différents outils, des ouvrages, des formations, des prestations de conseil et de soutien (voir Annexe 2).

Services de publication

IT Governance Publishing (ITGP) est le chef de file mondial dans l'impression de publication IT-GRC, propriété intégrale de IT Governance Ltd.

Avec des livres et des outils sur la gouvernance informatique, les cadres de risques et de conformité, nous sommes l'éditeur de choix pour les auteurs et distributeurs semblables, produisant des publications uniques et pratiques de la plus haute qualité, disponibles dans les derniers formats, et que les lecteurs trouveront d'une valeur inestimable.

www.itgovernancepublishing.co.uk est le site internet dédié à ITGP. Voici d'autres titres publiés par ITGP qui pourraient être d'un intérêt particulier :

- Introduction à la sécurité de l'information et ISO27001 (An Introduction to Information Security and ISO27001) *www.itgovernance.eu/shop/product/an-introduction-to-information-security-and-iso-27001-2013-a-pocket-guide-second-edition*

- Sécurité de l'information : un guide pratique (Information Security : A Practical Guide) *www.itgovernance.eu/shop/product/information-security-a-practical-guide-bridging-the-gap-between-it-and-management*

- Neuf étapes vers la réussite : ISO27001:2013 Aperçu de la mise en œuvre, Troisième édition (Nine Steps to Success : An ISO 27001:2013 Implementation Overview, Third edition) *www.itgovernance.eu/shop/product/nine-steps-to-success-an-iso-27001-implementation-overview-third-edition*

Nous proposons également une gamme d'outils disponibles dans le commerce qui offrent des documents personnalisables et généraux qui aident les utilisateurs à créer la documentation particulière dont ils ont besoin pour mettre en œuvre efficacement un système de gestion ou une norme. Rédigés par des professionnels expérimentés, et basés sur les dernières meilleures pratiques, les outils ITGP peuvent épargner des mois de travail à des organisations qui travaillent sur la conformité à un niveau particulier.

Visitez *www.itgovernance.eu/shop/category/itgp-toolkits* pour voir notre gamme complète d'outils.

Livres et outils publiés par IT Governance Publishing (ITGP) sont disponibles chez tous les marchands de livres d'affaires et les sites internet suivants :

www.itgovernance.co.uk

www.itgovernanceusa.com

www.itgovernancesa.co.za

www.itgovernance.asia

Lettre d'information

Restez à la page et soyez toujours informés des derniers développements dans toute la gamme de la gouvernance informatique y compris la gestion des risques, la sécurité de l'information, la gestion des services ITIL et IT, la gouvernance des projets, la conformité et encore plus, en vous inscrivant à notre lettre d'information.

Visitez simplement notre centre d'inscription et sélectionnez vos préférences :

www.itgovernance.eu/daily-sentinel.

Lightning Source UK Ltd.
Milton Keynes UK
UKHW010836220219
337760UK00013B/652/P
9 781849 288590